지도교사 이태구
3학년 권다원 남상범 문류빈 윤하은 이규리 이우일
2학년 신현재 이정현 황정윤
1학년 윤하린 정새롬 최다인 홍지영

이 책의 번역 인세는 전액 국제엠네스티에 기부됩니다

나를 점프해

Values of the Game

나를 점프해

청소년에게 던지는 열 개의 숏

빌 브래들리 지음
이태구·권다원 외 옮김

당신이 자녀에게 전해주고 싶은 모든 가치

정재용(KBS기자)

덩치 크고 인자한 할아버지가 육중한 나무문을 열고 들어왔다. 미국 대통령에 도전했던 거물급 정치인이라는데 흔한 동네 할아버지처럼 편하게 느껴졌다. 자다가 막 깼는지 부스스한 머리를 긁적이는 모습도 친근했다. 그런데 스포츠 이야기를 꺼내자 사람이 확 달라지기 시작했다. 왜 아이들이 스포츠에 참가해야 하는지, 어떤 교육적 가치가 있는지, 질문이 필요 없을 만큼 정연한 논리로 술술 풀어냈다. 20년 넘는 기자 생활을 하면서 이렇게 쉽게 원하는 답변을, 아니 그 이상을 얻은 인터뷰는 처음이었다. 2003년 뉴욕에서 미국 스포츠의 전설적인 영웅 빌 브래들리를 만났던 기억이다.

스포츠 기자 생활 내내 나는 학교체육의 필요성을 강조해 왔다. 수많은 스포츠 스타와 지도자를 만났지만 빌 브래들리의 삶만큼 대한민국 학교체육 현실에 큰 울림을 주는 스토리를 찾을 수 없었다. 브래들리는 타고난 재능보다 노력과 도전으로 최고의 고교 농구 선수가 되었다. 그러나 대학 농구 챔피언에 오를 수 있는 농구 명문 대학 대신 프린스턴 대학을 선택했다. 대학을 졸업했을 때에는 NBA 프로팀이 제안한 거액의 계약금을 포기하고 다시 유럽으로 유학을 떠났다. 공부를 마친 뒤 늦깎이 프로 선수가 된 그는 뉴욕 닉스를 두 차례나 NBA 챔피언에 올려놓는다. 은퇴 후엔 미국 상원의원으로 국민들을 위해 봉사했다. 그의 모든 성공은 스포츠에서 배운 지혜를 삶에 적용했기 때문이라고 브래들리는 강조한다. 그래서 브래들리의 인생은 그 자체로 학교체육의 진정한 가치를 보여주는 상징이 되었다.

『Values of the Game』은 빌 브래들리가 스포츠에서 배운 모든 것을 정리한 학교체육의 바이블이다. 언젠가 번역해서 대한민국의 학생들, 교사들, 학부모들이 읽게 해 줘야지 생각했지만 차일피일 미루다 서재 한 구석에서 먼지만 쌓이게 되었다. 어느 날 대학 농구 동아리 후배 이태구 선생이 제자들과 함께 이 책을 번역하겠다며 빌리러 왔다. '고등학생들이 무슨 …'이라고 생각하면서 책을 내줬는데 어느 새 번역을 마치고 출판을 한다고 하니 학생들의 노력이 정말 대견하고 한편으론 게으른 내 모습이 부끄럽기도 하다.

대한민국의 학교체육은 아직도 교육이 아니라 승리와 패배에만 매달리는 구시대적인 시스템에 머물러 있다. 선수들은 운동기계로, 학생들은 입시기계로 내몰리고 있다. 교사들도 학부모도 1970년대 군사정권 시대에 탄생한 학교체육 체제에서 성장한 경험뿐이어서 어떻게 아이들에게 체육을 가르쳐야 할지 모르는 경우가 너무 많다. 모두가 잘못된 학교체육의 피해자다. 『Values of the Game』을 통해 대한민국의 모든 학생들, 모든 운동선수들과 지도자들 그리고 선생님들과 학부모가 학교체육의 진정한 힘을 깨닫길 진심으로 바란다.

농구를 통해 얻은 브래들리의 통찰력

필 잭슨(전 NBA 시카고 불스 감독)

빌 브래들리는 내가 NBA 생활을 시작했던 해인 1967년 12월에 공군에서 뉴욕 닉스(New York Knicks)로 옮겨왔다. 그저 평범하게 묻어가고 싶어 했던 그의 바람과 달리 모든 사람들의 이목이 그에게 집중되어 있었다. 이를 눈치 채기는 어렵지 않았다. 큰 계약과 함께(4년 계약, 500,000달러), 그가 뉴욕 닉스의 부활을 이끌 것이라는 팬들의 희망이 컸기 때문이다. 그리고 우리 닉스 팀원들 또한 옥스포드와 프린스턴을 졸업한 이 똑똑한 친구가 정말 물건인지를 궁금해했다.

그는 물건이었다. 내가 그 때 생각한 것 이상으로 그는 진정한 직업윤리를 가지고 있었다. 남들보다 일찍 오고 남들보다 늦게까지 남아 연습하곤 했다. 하지만 우리가 예상하지 못했던 것은 닉스의 성공을 위해 팀이 필요로 하는 역할을 훌륭하게 소화해낼 수 있는 그의 능력이었다. 그는 가드였다가 포워드(1970년과 1973년에 챔피언십 우승 당시 이 포지션이었다)로 이동하였고, 다시 훌륭한 스코어러였다가 서포터가 되었다. 그는 더 이상 자신이 경기의 스타이자 주인공이 아니었음에도 불구하고 자존심에 상처를 받지 않았는데, 이는 한 사람이 혼자서 모든 것을 할 순 없다는 닉스의 팀플레이 본질을 이해했기 때문이었다.

빌은 경기장 밖에서도 우리들의 마음을 사로잡았다. 선수들이 NBA 리그와 노동협약에 대해 협상했던 때에는 선수연합의 닉스 팀 대표로서 활약했다. 빌은 높은 직책을 맡아 명령을 내리거나 모든 공로에 대한 인정을 받는 입장이 아니었음에도(당시 회장은 오스카 로버트슨이었다) 다양한 문제들을 해결해나가는 방법에 있어서 경기장에서 보여준 것과 같은 융통성을 발휘했다.

NBA 선수로서의 후반기에 나는 빌과 같은 방을 쓰게 되었다. 그의 호기심 많은 성격과 뛰어난 학습 능력에 이끌려

휴스턴에 있는 미술관과 오리곤 주의 해변을 방문하거나 보스턴에 강의를 들으러 가기도 했다. 이 과정에서 나는 어느샌가 새로운 것들을 배워 나가고 있었다. 우리 사회가 돌아가는 구조와 그 속에서 일들이 처리되는 과정에 대한 빌의 이해는 놀라울 정도였다. 어느 여름날 그는 오글라라 시옥스(Oglala Sioux, 미국 원주민 부족 중 하나)를 위한 농구 캠프를 운영하기 위해 나와 함께 사우스 다코타 주의 파인 리지를 방문한 적이 있었다. 그는 도착하자마자 내가 알던 가장 폐쇄적인 사회 중 하나인 원주민들에게로 뛰어들었고, 하루가 채 지나지 않아 그 부족의 권력 구조를 파악하는데 성공했다. 이 때문에 빌이 미국 상원의원으로서 발언권을 얻었을 때, 메디슨 스퀘어 가든 경기장에서 처음 발언했을 때 보여주었던 것과 같은 호기심, 세심함 그리고 결단력을 증명했다는 사실은 크게 놀랍지 않았다.

빌 브래들리의 가치 체계는 견고할 뿐만 아니라 이제 휴대가 가능하기도 하다. 이것이 바로 이 책의 핵심이다. 빌은 과묵한 성격임에도 불구하고 사람들을 끌어당기는 힘을 가지고 있었다. 그걸 처음 본 것은 30년 전 내 고향인 노스 다코타주의 윌리스턴에서였다. 바로 나를 위해 치러진 한 스포츠 연회에서였다. 난 빌에게 축사를 맡아달라고 부탁을 했다.

그는 짧은 시간 안에 자신의 스케줄을 조정한 뒤 북아메리카의 대평원을 가로질러 윌리스턴까지 찾아왔다. 마치 테디 루즈벨트(미국의 26대 대통령)가 80년 전에 그랬듯이 그는 상당한 열의를 가지고 도착했고, 개척민들과 목동들 그리고 아메리카 원주민들에 대해 충분히 이해할 수 있도록 시간을 투자하기도 했다. 리더로서 그리고 기독교인으로서 그의 명성은 FCA(Fellowship of Christian Athletes, 기독교 운동선수들 단체) 지부가 그를 애타게 찾게 했다. 빌은 영혼에 관한 문제를 아주 손쉽게 다루었다. 빌은 그들에게 자신만의 가치관을 지니는 것의 중요성에 대해 이야기했다. 그 당시는 사회 거의 모든 기관에서 많은 문제점이 발견되던 시기였다. 연회 이후 나는 빌을 호텔로 데려다 주었다. 우리는 오후에 있었던 일들, FCA 그리고 다른 사람들의 기대를 충족시켜야 하는 그의 책임감에 대해 이야기했다. 전도사의 아들인 나는 그런 책임들과 스스로에 대한 자각에 기반한 자신만의 길을 찾으려는 시도가 이따금 갈등하는 모습에 익숙했다. 빌은 나에게 어떻게 그의 종교적 헌신이 발전했는지, 그리고 좋은 일을 하고 싶어하는 마음이 때로 어떻게 타인에게는 경건한 체하는 것으로 해석되었는지에 대해 알려주었다. 그는 자신이 교육과 양육의 영향을 받아 타인들에게 베푸는 방법을 찾는 것에 헌신적이라고 말했다. 하지만 그는 누군가 공인이라는 사실 때문에 자신의 본질을 포기해야 하거나, 대중의 믿음이나 기대와 별개로 자기 본연에 충실하고 스스로의 성장을 위해 필요한 사적인 공간을 보존하는 것이 중요하다고 이야기했다.

당시 빌은 24살이었고 나는 22살이었다. 지난 30년을 돌아본 결과 나는 빌의 가치관이 변화하는 사회의 흐름 속에서도 흔들림 없이 유지되는 것을 보았다. 가치라는 것은 헌 교복마냥 아무렇게나 걸쳤다가 버렸다가 할 수 있는 것이 아니다. 이 책의 독자들 중 대부분이 그를 정치인으로만 알고 있을 뿐, 그가 경기하는 모습을 본 적은 거의 없다는 것이 나에게는 조금 이상하게 느껴진다.

이 책은 어떻게 빌이 뛰어난 성과를 거둘 수 있었는지, 그리고 왜 농구가 더 큰 교훈을 얻어가기에 완벽한 스포츠인지에 대해 설명해준다. 물론 우리가 은퇴한 후 많은 것이 바뀐 것은 사실이다. 3점 라인이 새로 생겼고, 키는 2m가 넘고 체중은 113kg이나 나가는 '스몰' 포워드들이 등장했으며, 선수들은 작은 국가의 경제력에 맞먹는 규모의 계약을 맺기 시작했다. 하지만 빌이 농구에 전파한 정신, 성실, 리더십 그리고 순수하면서도 우수한 농구 지능은 아직도 빛을 잃지 않았다. 그가 농구로부터 얻어간 가치와 통찰력 그리고 지혜 또한 마

찬가지이다. 그는 언제나 농구에 관대했다. 나는 그가 다시
한 번 자신의 자산을 나눌 수 있는 기회를 가졌다는 사실이
매우 기쁘다.

목차

INTRO

1996년의 어느 날이었다. 나는 워싱턴으로 돌아가기 전에 뉴저지주 몽클레어 YMCA지부의 런닝머신에서 늘상 하던 체력훈련을 마치는 중이었다. 유산소 세션을 마치고 그곳의 작은 체육관을 들여다보았다. 낡은 트랙을 달리고 있는 한 사람 말고는 아무도 없었다. 농구공을 빌려 들고 들어갔다. 공은 탄력 있었고 촉감도 좋았다. 나는 3미터 거리에서 슛을 하기 시작했고, 곧 4.5미터, 5.5미터로 거리를 늘려 갔다. 공이 네트를 가를 때마다 철썩 소리가 시원하게 났다. 오래지 않아 내 움직임과 기억들만이 존재하는 또 다른 세상에 와 있었다. 농구를 그만둔 지 벌써 수년이 지났지만, 감각이 돌아오는 데에는 몇 분 걸리지 않았다.

"바로 이거야!"

내 안에 오래 전부터 숨어 있던 목소리는 "계속 해!"라고 외치기 시작했다. 시간이 지나 많은 것이 바뀌었고, 이런 열정은 너무 무모했다. 하지만 놀랍게도 생각보다 많은 슛을 깔끔히 성공시켰다. 15분쯤 지났을 무렵, 나이가 지긋한 어떤 신사가 체육관 안으로 머리를 들이밀었다. 나는 자유투 라인에서 슛을 하고 리바운드해서 드리블하고는 스쿱샷(상대의 블로킹을 피해 공을 높게 올리는 슛)을 날렸다. 그리고는 다시 자유투 라인으로 돌아왔다. 그는 천천히 체육관 안으로 들어와 코트로 올라와서 나에게 다가왔다. 나는 그를 못 본 체하고는 계속 슛을 날렸다. 그가 내 쪽으로 몸을 기울인 채, "브래들리?"하고 불렀다. 나는 5.5미터 거리에서 슛 하나를 더 쏘아올리며 "네"하고 대답했다.

"브래들리 의원님?"

"네, 맞습니다".

잠깐 정적이 흘렀다. 내 즐거움을 깨버리며 그가 불쑥 내뱉었다.

"왜 제 편지에 답을 하지 않으셨죠?"

* * *

이루어지지 않는 꿈과 걷잡을 수 없는 얽힘으로 가득한 세상에서 농구는 순수해 보인다. 물론 우리는 그렇지 않다는 것을 잘 알고 있다. 농구 역시 오락 문화로서 그것만의 욕심, 폭력성 그리고 집착을 내재하고 있다. 하지만 이런 것들임에도 불구하고 경기는 계속된다. 한 아버지가 그의 자식에게 처음으로 농구를 가르치기 위해 놀이터에 데려가는 모든 순간, 삶을 조각할 가치들로 가득 찬 새로운 세상이 펼쳐진다.

내 경험에 따르면, 실력이 나날이 발전하는 느낌은 고된 노력에서 왔다. 그리고 그러한 발전은 더 쉬운 승리를 가져다 주었다. 이기는 것도 재미있었지만, 발전을 위한 몸부림도 그만큼 즐거웠다. 이것이 경기에서 배울 수 있는 하나의 교훈이었다. 농구는 노력한만큼 보상이 돌아온다는 믿음의 뚜렷한 예시였다.

나는 고등학교, 대학교 그리고 프로 선수를 거치며 내가 사랑하는 경기를 20년 동안이나 할 수 있었다. 매우 운이 좋은 편이었다. 농구는 나에게 세상을 바라보는 나만의 창을 열어 주었고, 통찰의 순간들과 넘치는 기쁨으로 채워 주었다. 내 삶의 가장 즐거웠던 순간은 농구를 하면서 보낸 시간들이었다. 바로 이 부분, 농구를 하는 행복했던 시간들이 바로 이 책을 통해 세상에 알리고자 하는 핵심이다.

이 책을 쓰는 과정에서 나는 초빙 교수로 있었던 스탠포드 대학 팀의 코치들과 선수들을 알게 되었다. 그들의 경기를 관람하고 농구에 대한 대화를 나누는 것은 선수로서의 내 삶의 기억들을 일깨워주었다. 마치 20년 만에 오랜 친구를 만나는 것 같았다. 그의 이야기를 기억하고, 그의 가치를 이해하며 함께 나누고 싶은 친구 말이다.

20년 전에 나는 『Life on the Run』이라는 책에 60년대와 70년대 뉴욕 닉스에서의 경험들에 대해 썼다. 이 책에는 거기서 발췌한 부분들이 있다. 하지만 여기서 내가 하고자 하는 것은, 세월이 많이 흘렀음에도 어떻게 여전히 경기는 즐거움으로 가득한지, 스포츠에서 배운 것들이 어떻게 여러분 안에 남아있는지 보여주기 위함이다. 경기는 바뀌었지만, 오래된 가치들은 여전히 그 안에서 흐른다.

나는 부모들이 이 책을 아이들과 나누고, 농구 팬들은 이것이 사실임을 깨달을 수 있기를 바란다. 나는 스포츠의 힘이 우리 삶의 길 전체에 적용되는 것이라고 믿는다.

첫 번째 숏

열정 | 순수한 기쁨, 순수한 즐거움

집, 차도, 보도 그리고 놀이터 그 어디에서든 일단 공을 튀기는 것에서부터 시작한다. 그 다음에는 슈팅이다. 다리는 구부리고 시선은 림(rim)에 맞추고 팔꿈치는 공 밑에 위치한다. 슈팅을 하고 난 뒤에는 공을 끝까지 쳐다본다. 공은 날아오르고 올라서 마침내 들어간다. 공 하나, 골대 하나 그리고 상상력 이외에는 그 어떤 장비도 필요하지 않다. 이 얼마나 간단한 기본 동작인가. 언제부터 나의 관심이 열정으로 바뀌었는지는 알 수 없지만, 그건 내가 매우 어릴 때였고, 그 열정은 절대 사그러들지 않았다.

십대였을 때 나는 고등학교 체육관에서 혼자 몇 시간씩이고 반복해서 슛을 날렸다. 그리고 그것은 나에게 일종의 의식이 되었다. 가죽 공의 이음새와 돌기는 내게 특별한 느낌을 주었다. 손가락은 곧장 공의 홈 위로 이동해 그 느낌이 맞는지 알려주곤 했다. 이를 위해서는 손가락 끝을 깨끗이 하는 것이 아주 중요했다. 오른손을 땀에 젖은 눈썹과 티셔츠의 가슴께에 문질러 닦은 뒤에야 공을 잡았다. 슈팅 연습이 끝나갈 무렵이면 바닥에서부터 공, 손가락 끝 그리고 티셔츠까지 때가 묻지 않은 곳이 없었다. 수천 번의 슈팅 끝에 셔츠는 지울 수 없는 얼룩으로 물들었다.

나에게는 체육관 그 자체가 기쁨의 일부였다. 나는 그 장소의 모든 뉘앙스를 마음에 새겼다. 그곳은 예술의 경지에 이른 시설이었다. 필요에 따라 집어넣을 수 있는 부채꼴 모양의 유리 백보드를 비롯해 최첨단 설비를 갖추고 있었다. 잘 닦인 바닥에서는 광이 났다. 마치 거울 위에서 뛰는 것 같은 느낌을 받을 정도로 반짝거렸다. 기울어진 천장에 붙어있는 유리창에서 들어오는 햇빛이 유일한 조명이었다. 그곳에서는 일반적인 락커 룸의 곰팡이 냄새가 아니라 수년간 바닥의 품질을 유지시켜 온 광택제와 약간의 기름칠이 된 대걸레 냄새가 났다. 체육관의 청소부는 한 가지 절대적인 규칙을 고집했는데, 길에서 신는 운동화는 절대로 체육관 내에서 신을 수 없다는 것이었다. 그곳은 신성한 곳이었고, 오직 컨버스나 케즈 같은 명품 운동화의 부드러운 밑창만이 지나다닐 수 있었다.

소리 또한 빼놓을 수가 없다. 탁, 탁! 공은 바닥을 쳤고 펑~ 하는 소리는 천장의 철재와 7미터 높이로 쌓인 나무 스탠드를 통해 메아리 쳤다. 탁, 탁, 끽 하고 신발과 바닥 사이에서 마찰음이 나고 곧이어 점프와 슛이 뒤따른다. 공이 네트를 가로지를 때 내는 소리, '철썩', 그것은 그 어떤 관중의 함성보다도 달콤했다.

철썩. 탁, 탁, 끽, 철썩!

나는 만족할 수 없었다. 열 번을 연속해서 넣으면 열다섯 번을 넣길 원했고, 열다섯 번을 넣으면 스물다섯 번 넣기를 원했다. 깊고 정체를 알 수 없는 욕구에 휩싸였다. 탁월함을 갈망하게 된 나는 체육관에 몇 시간, 몇 날 그리고 몇 년씩이나 남아 있었다. 근육이 뻣뻣해지고 팔이 아플 때까지 연습했다. 물집과 타박상과 경직된 관절들을 모두 견뎌냈다. 집에 도착하면 늘 낮잠을 자야 했다. 오븐 안에 있는 저녁을 먹기 위해 에너지를 끌어모아야 했기 때문이었다.

어느 금요일 밤 숙적 고등학교와의 경기에서 패배한 뒤에 나는 토요일 아침 아홉 시에 체육관으로 돌아왔다. 의자가 아직 펼쳐져 있고 바닥에 팝콘 상자가 흐트러져 있었다. 슈팅을 하며 패배를 잊고자 노력했다. 지난밤에는 이곳에 다른 사람들도 있었다. 하지만 지금은 나 혼자 여기 있다. 이곳이 나의 집이다.

혼자 연습할 때 농구와 관련된 더 넓은 세상을 자주 떠올린다. 아마도 전날에 TV에서 LA 레이커스의 경기를 봤기 때문일 수도 있다. 레이커스의 포워드 엘진 베일러(Elgin Baylor)가 보여준 특정한 동작을 머릿속에 그리며 따라 하기 위해 노력했다. 그리고 아나운서의 말을 포함한 전체적인 게임을 마음속으로 재현했다.

"5초 남았습니다, 4초, 3초, 브래들리가 교통체증 같은 수비 속으로 드리블하고, 점프해서, 슈팅 – 버저비터입니다!"

나는 언젠가 이런 상황, 심지어는 주 대회 결승전에서 클러치 슛을 성공시키는 것까지도 실제로 경험할 것이라고 꿈꾸었다. 당연하게도 꿈속에서의 나는 이미 목표를 달성하여 우승자가 되어 있었다.

혼자서 하는 연습에 대한 열정은 팀과 같이 하는 즐거움에 필적했다. 또한 끊임없는 팀플레이의 시도는 나에게 무한한 즐거움으로 다가왔다. 수비수의 모든 시도에 대해 과감한 역습을 시도한다. 경기의 흐름 속에서 이것을 알아차릴 수 있는 감각은 꿈을 현실로 만드는 지름길을 의미한다. 그렇지만 언젠가 내가 관중들의 돈을 받으며 멋진 경기를 할 수 있다는 상상은 결코 현실성 있게 다가오지는 않았다.

* * *

매직 존슨(Magic Johnson)이 농구 경기를 사랑했다는 것은 누구나 아는 사실이다. 그는 웃거나 화를 내면서 그 자신과 다른 팀원들을 더욱 자극했다. 그의 열정이 존경스러운 경기를 만들어냈다. 요즘 선수들은 기뻐하기보다는 항상 화가 나 있는 것처럼 보인다. 그러나 그중에서도 잘하는 선수들은 언제나 열정으로 가득하다. 그랜트 힐(Grant Hill)의 여유와 웃음은 경기의 완벽도와 동요하지 않는 마음의 평정으로부터 나온다. 하킴 올라주원(Hakeem Olajuwon)은 골대 밑에 자리한 채 공이 그에게로 오는 순간 가장 많은 자신감을 드러낸다. 전성기의 줄리어스 어빙(Julius Erving)처럼 클라이드 드렉슬러(Clyde Drexler)는 오픈코트에서 공을 갖고 슛을 넣으러 달려갈 때 무아지경의 즐거움을 보여준다.

논란이 많고 기괴한 행동들을 자주 보여주는 데니스 로드먼(Dennis Rodman)조차도 경기를 향한 애정을 뚜렷이 드러낸다. 경기 중에 그는 자신만의 방식으로 리바운드를 따낸다. 그는 슈터의 골이 어떤 방향으로 튀는지 알기 위해 영상을 보며 연구한다. 그리고 그 움직임을 위해 가장 좋은 몸상태를 유지한다. 항상 눈과 뇌를 사용한 이후에만 몸을 움직이고, 그 움직임이 성공할 때까지 두 번째, 세 번째, 네 번째 움직임을 가져간다. 공을 잡았을 때에는 자신을 초월한 그 무엇인가에 전념하는 듯한 웃음을 띤다.

여성 경기는 특히 아름다운 열정으로 가득하다. 많은 팀의 선수들은 경기뿐만 아니라 서로간의 정신에 깊게 연관되어있는 것처럼 보인다. 나는 케이트 스타버드(Kate Starbird)가 끈기와 강인함 그리고 3점 슈팅 실력으로 자신이 속한 스탠포드 팀에게 힘을 불어넣어주고자 하는 모습을 보는 것이 즐겁다. 하지만 역시 나의 가장 완벽한 롤모델은 여자 마이클 조던이라 불리는 테네시의 샤미크 홀즈클로(Chamique Holdsclaw)이다. 그녀는 관객들을 흥분시키는 능력과 열정, 팀 멤버들을 향한 헌신, 상대팀의 마음에 두려움을 심어주는 능력 등, 우승할 수 있는 요소들을 모두 가지고 있다. 경기에 대한 그녀의 순수한 사랑은 전염성 또한 강하다.

열정 있는 선수들로 가득 찬 팀이 경기에 돌입했을 때의 상황을 상상해 보라. 닉스의 날, 우리 팀이 경기에서 하나로 뭉쳤을 때, 즉 다섯 명의 선수들이 하나로 움직였을 때, 전과는 비교할 수 없는 기분을 느꼈다. 그때는 적절한 타이밍과 정확도로 모두의 힘이 완벽하게 혼합된 아름다운 우리들만의 순간이었다.

1973년에 진행된 닉스의 챔피언십은 더없이 흥미롭게 기억된다. 우리는 첫 우승을 달성하고자 하는 부담감을 갖지 않았다. 팀원들의 마음이 딱 들어맞았기 때문에 경기 내내 더욱 다양한 플레이를 할 수 있었다. 나는 스타터로서의 고정된 역할을 갖고 있었다. 게임에 대한 순수한 즐거움을 방해했던 장애물들은 모두 제거 되었다. 나는 경기를 하면서 게임 자체의 즐거움을 느끼기만 하면 됐다. 많은 게임에서 나는 경기와 득점을 생각하지 않은 채 그저 슛하고 패스하는 즐거움을 달성하기 위해 뛰었다. 점수에 대해 생각하지 않았다. 가끔은 한 쿼터 내내 점수판을 아예 보지 않은 채 경기에 임했다. 코트, 공, 골대에서 사람들이 친구들에 대해 느끼는 방식을 경험할 수 있었다.

나에게 돈을 수단으로 경기하는 것은 매우 부끄러운 일이었다. 나는 NBA 선수라는 직업을 갖고 있는 동안 어떤 광고도 하지 않았다. 농구화나 면도용 크림을 팔면서 돈을 버는 것은 경기에 대한 나의 위신을 떨어뜨렸을 것이다. 적어도 나는 그렇게 느꼈다. 게다가 그러한 거래가 나의 경기 실력 때문이 아니라 내가 '백인 유망주'라는 이유로 제공되었다고 생각했다. 챔피언십의 매력은 돈과 여행 이상으로 바로 경기 그 자체로서 충분히 보상을 해주었다.

1970년대에 시카고에서 열린 경기 이후 환영회에서 어떤 남자가 나에게 다가와 "당신은 정말 농구하는 것을 좋아합니까?"라고 물었다. 그때 했던 대답을 천 번 이상 말한 것 같다.

"네, 지금 내가 할 수 있는 모든 것보다 더요."

"잘 됐군요. 나는 한때 트럼펫을 연주했어요."

그가 말했다.

"당신이 느끼는 감정을 알 것 같아요. 나는 작은 밴드의 일원이었어요. 우리는 매우 잘했어요. 주말에 대학교에서 연주를 하곤 했죠. 밴드로서의 마지막 해에 우리는 순회공연을 했고, 음반을 만들자는 제의를 받았어요. 나를 제외한 모두가 그러길 원했지요."

"왜 하지 않으셨어요?"

"아버지는 이런 활동이 안전하지 않다고 생각하셨어요."

"당신은 어떻게 생각하셨나요?"

"음, 전 잘 몰랐어요." 그가 답했다.

"제 생각에 저도 동의했을 걸요. 삶이란 게 매우 순간적이잖아요. 우리들의 삶은 여정의 연속이니까요. 당신이 다음 직업을 찾을 수 있다는 보장은 없어요. 이런 것들은 삶의 계획표에 잘 맞지 않아요. 그래서 나는 법대에 들어갔고, 가끔씩 연주하는 것 이외에 트럼펫을 연주하는 것을 그만뒀어요. 이제는 시간도 없거든요."

"법을 좋아하세요?"

"나쁘진 않아요. 하지만 트럼펫을 연주하는 것만큼은 아니에요."

두 번째 숫

규율 | 선순환을 만들다

미주리 주의 크리스탈 시에서 어린 시절을 보낼 때, 당대의 농구 영웅들은 밥 페팃(Bob pettit), 엘진 베일러(Elgin Baylor), 오스카 로버트슨(Oscar Roberston), 윌트 체임벌린(Wilt Chamberlain) 그리고 제리 웨스트(Jerry West)였다. 14살 이었을 때 나는 1주일 동안 에드워드 맥컬리(Edward Macauley)가 운영하는 농구 캠프에 참여했다. 맥컬리와 직원들은 농구에 대한 올바른 태도와 농구의 다른 측면들에 대해 아침부터 연설을 했다. 요지는 이런 내용이었다.

"네가 연습을 하지 않는 동안 어딘가에 있는 누군가는 연습을 하고 있다. 너희가 나중에 거의 동등한 능력을 지닌 채로 만나게 되면 그가 이길 것이라는 사실을 기억해둬라."

이 말은 나에게 매우 인상 깊게 다가왔다. 나는 노력을 하지 않았다는 이유로 절대 지지 않겠다는 결심을 했고, 이미 고단한 훈련에 강도를 한층 더 높였다.

그 해를 시작으로 고등학교 생활 내내 6월부터 9월까지 일주일에 네 번, 하루에 세 시간씩 연습했다. 9월부터 3월까지는 평일에 서너 시간 동안 연습했고, 주말에는 다섯 시간 이상 연습에 매진했다. 가을에는 농구 시즌이 시작하기 전까지 타운에 있는 도로와 넓은 들판과 철도를 따라 미시시피 강변까지 뛰어갔다 돌아왔다. 수직 점프를 개선하기 위해서 신발에 무게를 더했다. 농구 골대를 만질 수 있는 높이로 손을 번갈아 가면서 15개의 점프로 된 세트를 네 번 이상 반복했다. 손 아래 있는 공은 볼 수 없고 코트만을 보게 하는 플라스틱 안경을 쓴 채로 드리블을 연습했다. 또한 크로스오버 드리블을 연습하기 위해 체육관에 있는 접이식 의자를 사용해 의자 사이를 누비는 장애물 코스를 만들었다. 가끔은 의자를 높게 쌓아 2미터가 넘는 가상의 선수를 넘기는 훅슛을 연습했다. 체육관에 혼자 있을 때도 베이스라인까지 뛰어갔다가 다시 레인을 향해 역으로 돌고, 골대를 조준하는 시늉을 했다. 그러고 나서 레이업 슛을 성공시키기 위해 한쪽 손에 있는 공을 다른 쪽 손으로 옮겼다. 이어서 세트 슛을 했고 그 다음에는 요요처럼 나에게 다시 공이 돌아오는 백스핀을 이용해 다섯 가지 다른 위치에서 점프 슛을 연습했다. 각 포지션에서 25개의 세트 슛과 25개의 점프 슛을 연속으로 성공시킬 때까지 슈팅을 계속했다. 만약에 23번째에서 실패한다 해도 다시 처음부터 시작했다.

무엇보다도 연습경기를 위해 여름에 세인트루이스까지 하루에 두 번이나 운전하며 좋은 게임이 진행되는 곳이면 어디나 참여했다. 열다섯 살의 어느 밤에 여자 급우가 데이트 신청을 하기 위해 전화했을 때에도 나의 진짜 애인은 농구라며 다소 멍청하게 거절하기도 했다. 돌이켜 생각해 보면 나는 엄청나게 많은 시간을 체육관에서 소비했다. 하지만 수많은 시간을 연습에 쏟아부은 부산물은 결국 내 삶의 다양한 측면까지 영향을 미치는 자기훈련이었다.

프린스턴에서의 대학 1학년 생활은 공부 면에서 힘든 시기였다. 반 친구들은 대부분 사립학교 출신들이었고 이미 1학년 과정을 마치고 온 상태였다. 반면에 나는 미드웨스트 작은 읍에 있는 고등학교 출신이었기 때문에 아이비리그의 기준은 나에게 새로웠고 매우 어려웠다. 봄 학기는 좋게 끝나지 않았다. 때문에 나의 두 번째 스포츠였던 야구를 그만두고 도서관에서 살다시피 했다. 첫해에 간신히 시험을 통과했다. 그러나 그 이후에는 신입이었던 당시 익혔던 행동 패턴을 계속 이어나가면서 우수한 성적을 받았다.

미국 의원 선거 유세 운동과 프린스턴 이후로 내가 맡게
된 여러 개의 과제들에서도 똑같은 결과를 받았다. 나는 아무
도 나를 앞서지 못할 것이라 장담했다. 농구가 지핀 불은 내
삶에서 많은 방향으로 퍼져나갔다. 나이가 들고 농구 영웅들
을 만나 그들을 경기에서 이기면서 모든 것을 하는 내 방식이
전혀 특별하지 않다는 것을 깨달았다. 대부분의 프로 선수들
은 연습 시간에 비용을 내면서 그들의 능력을 발달시켰다. 하
지만 농구에 있어서 가장 신기한 사실은 천부적인 재능을 가
진 선수들에 대한 것이다. 마이클 조던(Michael Jordan)이 그
의 고등학교 팀에서 잘렸다는 것을 기억하라.

* * *

첫 번째로 훈련의 어려움은 체력에 있다. 컨디션을 일정
하게 유지하는 것은 매우 고통스럽고 힘들다. 하지만 다른 대
안은 없다. 피로감 없이 뛰거나 점프할 수 없으면 속공을 할
수도, 20개의 리바운드를 성공할 수도 없다. 건강을 유지하고
새로운 단계로 몸을 밀어붙이는 것은 정신력의 영역이다. 당
신이 더 이상 뛰거나 복부 훈련이나 윗몸일으키기를 할 수 없

다고 생각할 때, 나약한 정신은 당신이 앞으로 나아가는 것을 가로막는다. 숨이 가쁘고 옆구리가 점점 아파올 때에도 정신이 살아있다면 그 고통을 견디고 계속 나아갈 수 있도록 도와줄 수 있다. UCLA의 전설적인 코치 존 우든(John Wooden)은 말했다.

"네가 행동하지 않는다면 아무 일도 일어나지 않을 것이다."

나는 무엇이든 간에 몸을 만드는 훈련법을 싫어했다. 예를 들어 코트를 뛰고, 라인 드릴이나 풀 코트에서 혼자서 경기하거나, 두 명의 선수와 공을 주고받으면서 코트를 뛰어다니는 훈련법 말이다. 몸의 모든 부분이 극심하게 아파서 침대에서 따뜻한 욕조에 들어가려고 기어가야 했던 6주 동안의 고통 이후에 그 아픔은 점차적으로 사라지기 시작했다. 근육들도 다시 자리를 잡아갔다. 농구 훈련을 진지하게 받아들이기 시작하면 몸을 만드는 것과 시합 컨디션으로 들어가는 것의 차이를 구분할 수 있게 된다.

두 번째 상태가 되면, 당신은 지치지 않고 코트를 오르내리며 주어진 훈련들을 잘 해낼 수 있을 것이다. 다른 선수들이 거세게 밀어부칠 때에도 계속해서 앞으로 나아갈 수 있다면 당신은 최고의 상태에 도달했다고 볼 수 있다. 잘 훈련됐을 때의 당신은 상대팀 선수들을 지치게 하고 화나게 하고 수비에 집중을 못하게 만들 뿐 아니라 그들을 갖고 놀 수 있게 된다. 나의 가장 어려운 라이벌인 보스턴 셀틱스의 존 하블리첵(John Havlicek)은 시합 컨디션을 무기로 사용하는 면에 있어서 진정한 천재였다. 그의 목표는 상대편 선수가 포기하게 만들고, 피로를 극복하지 못하게 하며, 결국 스스로 몸을 밀어붙이는 반칙을 쓰게 만드는 것이었다. 그는 농구에서의 경쟁을 누가 먼저 포기하느냐의 문제로 여겼다.

"당신은 당신이 혹사당한다고 생각하기 전에 먼저 그만둘 것이다. 하지만 사람들은 이 사실을 잘 모른다."

하블리첵이 올랜도 매직의 부사장 팻 윌리엄스(Pat Williams)에게 한 말이다.

"그들은 스스로 무리했다고 착각하며 훈련을 멈춘다. 그들은 사실 더 진행할 수 있었지만 그러지 않았다. 그들은 신체적으로는 졌다고 할 수 없지만 정신적으로 항복한 것이다."

기술 개발은 그 다음에 진행된다. 대부분의 중요한 것들은 고등학교 동안에 이뤄진다. 그리고 실제 준비는 시즌이 끝나면 시작된다. 시즌이 끝났을 때 크로스오버 드리블, 리버스 피봇과 반대 손으로 슛하기와 같은 훈련을 진행하면 고등학교 선수들은 엄청나게 발전할 수 있다.

좋은 슈터가 될 수 있는 유일한 방법은 슛을 하는 것뿐이다. 연습경기에서 뿐만 아니라 혼자서도 말이다. 이는 걷는 것을 배우는 것과 비슷하다. 걷는 것의 기본을 완전히 배우고 나면 아기들은 더 이상 '어떻게' 걷는지에 대해 생각할 필요가 없게 된다. 이는 슈팅에서도 마찬가지이다. 기술을 완전히 익히고 자신만의 리듬을 찾게 되면 그것들은 절대 잊어버릴 수 없게 된다. 자신만의 농구 스타일로 자리 잡게 되는 것이다. 나이가 들면서 다리가 아프고 뛰는 것이 불편해질 수는 있지만 그 슈팅만큼은 절대 잊지 않는다. 물론 슛을 쏘기 위한 포지션을 잡는 것은 힘들 수 있지만 슛을 넣기는 절대 어렵지 않다. 그러나 단 한가지, 공을 넣고자 하는 의지가 없다면, 즉 슈팅을 계속해서 할 의지가 없다면 절대 슈터가 될 수 없다.

훈련의 장점은 시간과 노력의 투자에 대한 즉각적인 보상을 받을 수 있다는 점이다. 더 열심히 연습할수록 실력은 더 빨리 증가한다. 게다가 이러한 실력의 증가는 자신감의 증가로, 자신감의 증가는 연습의 증가로, 마지막으로 또다시 연습의 증가는 실력의 증가로 이어지는 선순환이 발생한다. 연습은 집중해서 할 때 더 효과적이다. 그러나 이는 생각보다 훨씬 어렵다. 슈팅연습 때는 관중 없이 당신 자신과 공 그리고 골대뿐이다. 고등학교 때 연속으로 25번 슛을 성공하기 위해서 나는 집중을 해야 했다. 내가 무엇을 하고 있는지 생각하고 다리, 팔꿈치 그리고 마무리 동작 등 그 안에 포함된 모든 요소들을 고려해야 했다. 나는 슈팅을 할 때마다 엄청난 집중력을 발휘했다. 그렇게 나의 몸에 나의 슈팅을 각인시켰다.

21살이 되자 슈팅 연습에 완전히 집중하는 것이 어려워졌다. 나는 연속으로 성공시키는 슛의 개수를 15개로 줄여야했고, 33살이 되었을 무렵에는 13개의 슛 중에서 10개 이상 성공할 수가 없었다. 20년간의 연습 결과 내가 기술적으로 무엇을 하고 있는지 알게 된 것은 사실이지만, 한편으로는 오늘의 헤드라인이나 친구가 했던 말들 등 슈팅과 아무런 관련이 없는 것들이 내 마음 속에서 이리저리 돌아다니기도 했다. 결국 나는 고등학교와 대학교 때처럼 안정적으로 슛을 넣지 못하게 되었고, 이러한 것들을 은퇴의 시기가 다가왔다는 신호로 이해했다.

* * *

개인 훈련도 어렵긴 하지만 팀과 함께하는 훈련에 비하면 아무 것도 아니다. 수비수가 붙어있지 않은 동료에게 공을 패스하고 모든 것이 종료될 때까지 하나의 패턴이나 방식을 유지하는 것은 엄청난 자제력을 요구한다. 패스가 또 다른 패스로 연결되고 결국엔 골대까지 전달되는 과정에서 즐거움을 끌어내기 위해서는 진정한 협동이 필요하다. 만약 한 명의 선수라도 중간에 패스를 실패하거나 리바운드를 막지 못하거나 또는 오픈 샷에서 실패하게 되면 팀 전체에 영향을 미친다. 제리 슬로언(Jerry Sloan) 감독의 유타 재즈와 팻 슈미트(Pat Summitt)의 레이디 볼스(Lady Vols)는 매끄러운 팀 공격술을 보여주는 전형적인 모습이다.

대인방어 역시 팀 훈련을 요구한다. 대인방어를 할 때 만약 세 명의 상대편 선수가 득점에 성공했다면 제대로 대인방어를 했다고 보기 어렵다. 어떤 선수가 공을 뺏으려다가 실패하면 그의 팀원들은 빨리 그가 실패했던 공을 되찾기 위해 노력해야 한다. 한 선수가 공을 뺏으려고 하는 자신의 팀원을 도우러 가면 또 다른 팀원은 몸을 움직여 도우러 나선 선수의 빈자리를 채워주어야 한다. 팀원을 도와주다 자신이 맡았던 선수가 득점하는 상황에서 팬들의 야유까지 기꺼이 받아들이는 자세야말로 제대로 된 팀 수비의 증거이다.

훈련의 중심에는 투지가 있으며 투지의 중심에는 승리하고자 하는 의지가 있다. 농구에서 이 교훈을 배우기 위해서 프로가 될 필요가 없다. NBA에서 신인 가드로서 실패했을 때 마음 속에서 우러나온 성공에 대한 욕구는 내가 오프시즌 내내 엄격한 연습을 하게 만들었다. 나는 고등학교와 대학교 때 최고로 여겨지는 것이 어떤 맛인지를 알고 있었다. 그리고 프로선수로서 첫 번째 해에 느꼈던 실패의 기분도 알게 되었다. 나중에서야 알아챈 것이지만 내가 여름 내내 연습을 했던 것은 실력을 갈고 닦기 위해서 뿐만이 아니라 자존감을 회복하기 위해서이기도 했다.

1973년에 뉴욕 닉스는 NBA 동부 컨퍼런스 챔피언십을 위해 보스턴과 경기를 했다. 우리는 뉴욕에서 여섯 번째 경기를 졌고 결국 마지막 경기는 보스턴에서 치르게 되었는데, 셀틱스는 그 동안 보스턴에서만큼은 플레이오프의 일곱 차례 경기를 진 적이 단 한 번도 없었다. 경기 전날, 평소에 잘 방문하지 않던 닉스의 설립자 네드 아이리쉬(Ned Irish)가 연습 중에 찾아왔다. 그는 흥분과 분노가 섞였으면서도 냉정한 말투로 한마디 했다.

"우리는 올 한 해를 훌륭하게 마무리 지을 수 있었지만 어제 그 기회를 모두 날려버렸다. 스스로에게 부끄러움을 느껴야한다."

그리고 우리가 보스턴과의 경기에서는 이길 가능성이 별

로 없다는 말로 끝을 맺었다. 어떤 팀들은 여기서 포기할 수
도 있지만, 그의 가차 없는 비판이 오히려 우리에게 열의를
불어넣었다. 다음 날 우리는 최고로 체계적인 수비를 펼쳤고,
결국 그 경기에서 승리할 뿐만 아니라 그 해의 NBA 챔피언십
에서 우승까지 했다.

농구에서 성공하기 위해서 거쳐야 하는 훈련은 자신이 얼
마나 열심히 노력해야하는지에 대해 정확하게 이해할 수 있
게 해준다. 준비 과정이 힘들수록 승리의 기쁨은 더 커진다.
노자가 말했듯이, "다른 사람에 대한 통달은 강점이고, 자기
자신에 대한 통달은 진정한 힘이다."(知人者智 自知者明)

자기 훈련을 통해 어려움을 극복하고 치열하게 싸운 전
쟁에서 이기게 되면 그 기쁨은 가히 폭발적이라고도 할 수 있
다. 인생에 있어 이보다 좋은 것을 찾기란 쉽지 않다.

세 번째 숏

이타심 | 누군가를 도움으로
자신을 이롭게 하라

농구의 매력과 수수께끼는 팀이 요구하는 다양성 속에 존재한다. 챔피언십은 높은 수준의 팀워크를 구축하지 않는 이상 이길 수 없고, 이 연대는 각 선수들의 이타심을 통해서만 이루어낼 수 있다. 이는 농구를 잘 모르는 사람들은 쉽게 인지하지 못하는 내용이다. 또한 농구가 내부적으로 깊은 흐름을 갖고 있다는 사실을 보여준다. 자기편 선수를 위해 수비수를 막아주는 완벽한 스크린플레이, 공으로부터 의도적으로 거리를 두는 움직임, 리바운드를 위해 상대를 밀어내는 훌륭한 박스아웃 그리고 상대의 패스를 중간에 쳐내는 수비나 가로채기 등이 그 흐름에 속한다. 통계가 항상 팀워크를 측정할 수 있는 것은 아니다. 가드가 점수를 내기보다 자신이 맡은 수비를 잘 해내는 것은 통계에 집계되지 않는다. 그러나 '굳은 일을 잘 처리할 때' 그것은 분명 챔피언십 팀을 만들기 위해 노력하는 것이다. 이런 상황에서는 "우리가 이겼다"는 말이 "내가 점수를 냈다"라는 말보다 훨씬 더 의미 있고 오래간다. 팀워크는 프로팀의 선수 기용에 있어 필수적인 부분으로 작용한다.

지금 우리가 살고 있는 이 사회는 개인주의를 미화시킨다. 이는 로즈 페로트(Ross Perot)가 "독수리들은 무리 짓지 않는다"라는 표현으로 옹호하고자 했던 말이기도 하다. 반면 농구는 '이기적인 개인주의가 승리의 기회를 앗아간다'는 다른 내용의 교훈을 가르쳐준다. 선수들은 거시적으로 바라볼 수 있는 안목, 즉 어떤 특정 선수가 혼자서 할 수 있는 것은 팀 전체가 같이 할 수 있는 것에 비할 바가 못 된다는 사실을 이해하기 위해 자기 자신을 충분히 훈련시켜야 한다.

대부분의 선수들은, 때로는 최고의 선수들조차 팀의 리듬과 목적에서 벗어날 때가 있다. 마이클 조던이 1년간 야구를 하고 다시 농구계로 돌아왔을 때, 시카고 불스는 이미 아홉 명의 새로운 선수들을 고용한 상태였다. 그러나 마이클은 새로 온 그들과 호흡을 맞춰볼 시간이 없었다. 결국 1995년에 있었던 플레이오프에서 마이클은 혼자서 모든 것을 해보려고 했다. 새로 온 선수들은 일명 '마이클 조던 쇼'를 보는 것만으로 만족해야 했다. 경기의 결과는 혼자서 다섯을 이길 수는 없다는 사실을 명백하게 보여주었다. 조던이 아닌 이상 팀 내에서 한 명의 훌륭한 선수가 모든 부담을 짊어지려고 해서 발생하는 문제는 거의 없다. 오히려 중상위권의 선수들이 관심을 받고 싶어 하는 것에서 비롯되는 경우가 더 많다. 이런 현상은 고등학교 경기에서뿐만 아니라 대학 경기에서도 심심찮게 볼 수 있다. 대다수의 선수들은 패스가 아닌 슈팅을 하고 싶어 한다. 오직 소수만이 이타심을 목표로 삼을 뿐이다.

팀 농구의 기본은 수비이다. 레드 홀즈먼(Red Holzman)이 1967년 겨울에 뉴욕 닉스의 코치로 부임했을 때, 그는 23일 동안 23번의 연습을 소집했다. 또한 연습시간의 3분의 2를 수비에 투자함으로써 이 부분을 공고히 했다. 이것은 이질적일 수 있는 선수들로 구성된 팀에 통합을 가져오기 위한 그만의 방법이었다. 그는 "공을 봐!"라고 소리치곤 했는데, 이는 자신이 수비해야 할 선수에 너무 집중하는 바람에 도움을 필요로 하는 동료를 놓치지 말라는 것이었다. 1989년에 시카고 불스 감독을 맡은 필 잭슨도 이와 비슷한 걱정이 있었다. 그는 선수들이 수비를 맡은 상대팀 선수에 집중하면서도 공을 시야에서 잃지 않게 함으로써 필요할 때마다 약한 쪽의 도움을 받을 수 있도록 훈련했다. 그리고 천천히 선수들이 서로를 도울 때 훨씬 더 잘한다는 사실을 깨닫도록 했다. 수비를 팀의 핵심적인 힘으로 강조하면서 마이클 조던이라도 팀의 1/5에 불과하다는 것을 주지시켰다.(조던의 1/5는 엄청난 것이었지만 말이다).

전방 압박 수비든 하프 코트 압박 수비든 수비 압박을 어떻게 해야 하는지 아는 것보다 더 신나는 일은 없다. 이것은 공격이 수비로부터 시작되는 것을 의미한다. 몇 개의 가로채기, 턴오버 혹은 가로막힌 패스가 경기 전체의 기세를 바꿀수도 있는 것이다. 캔터키 대학 팀은 어떻게 압박하는지 아는 팀이었기 때문에 1998년 NCAA 토너먼트를 이길 수 있었다. 1970년 챔피언십 시즌에 신시내티 로열스와 닉스의 어느 평범한 시즌 경기에서 닉스는 네 번째 쿼터가 17초 남은 시점에서 로열스에 5점을 뒤지고 있었다. 윌스 리드(Wills Reed)가 두 개의 자유투를 넣었다. 그 후엔 갑자기 드뷔셰(DeBusschere)가 아웃된 볼을 경기장 안으로 집어넣는 인바운드 패스를 가로막고 2점 슛을 넣었다. 마지막으로 왈트 프라이저(Walt Frazier)가 바닥에 뒹구는 루즈 볼을 되찾아 파울을 당하고는 두 개의 자유투 파울 슛을 넣어 팀을 18연승으로 이끌었다.

농구의 공격에서 큰 변화를 만드는 이타적인 팀 동작이

세 개 있다.

첫째는 패스이다.

밥 코지(Bob Cousy)는 50년대와 60년대에 보스턴 셸틱스의 훌륭한 가드였다. 그의 속공은 경기장의 센터라인에서 어떻게 패스해야 하는지 아이들에게 반복해서 보여주고 싶을 정도로 교과서적인 모델이었다. 코지는 두 명의 팀원들이 각각 오른쪽과 왼쪽을 맡은 상태에서 코트의 중앙으로 공을 가져왔고, 다른 팀원의 레이업 슛이나 자신의 점프 슛이 실패했을 경우 손쉽게 5.5미터짜리 외곽 슛을 넣을 수 있는 선수를 후방에 두었다. 그는 상대 수비에게 너무나도 많은 변수를 주었는데, 그것의 핵심은 공을 패스하는 능력이었다.

매직 존슨이 속공을 자주 사용하던 1982년에서 1989년까지의 LA 레이커스도 이와 비슷한 가르침을 준다. 최소한의 드리블을 통해 빠른 속도로 코트를 가로질러간 공은 카렌 압둘자바(Kareen Abdul-Jabbar)와 마이클 쿠퍼(Michael Cooper)를 거쳐 매직 존슨에게 전달되었으며, 매직은 제임스 워디(James Worthy)가 레이업 슛을 할 수 있도록 그에게 자주 패스하곤 했다. 매직은 단순히 누가 패스를 받을 수 있는 상황인지 알았을 뿐만이 아니라 팀원이 공을 가지고 무엇을 할지까지도 예측할 수 있는 능력을 지녔다. 나는 그것을 코트 전체를 보는 눈이라고 불렀다. 그것은 축구에서의 펠레(Pele)와 하키에서의 웨인 그렌츠키(Wayne Gretzky)가 지녔던 놀라운 육감과도 같다.

이타적인 팀에서 패스 담당자는 공이 돌아올 것을 알고 있다. 센터가 패스를 잘 할수록 득점하기도 쉽다. 상대팀이 집중 마크를 해오는 경우라면 센터는 슛할 공간이 열려 있는 팀원에게 공을 보내줄 수도 있다. 그리고 수비수들이 위치를 잡으면 팀원이 다시 센터에게 공을 넘겨준다. 이런 패턴을 몇 번만 반복하면 상대 수비는 흐트러지기 마련이다. 이 모든 것은 이타적인 센터로부터 시작한다. 이것이 바로 29년 동안 프린스턴 대학의 코치를 역임했었던 페티 카릴(Pete Carril)이 "남을 도움으로 스스로를 이롭게 하라"라고 말한 교훈이다.

상대 수비의 균열을 찾아내고 열려 있는 팀원에게 공을 공급하는 것, 적절한 순간에, 적절한 장소에, 적당한 패스를 넣는 것이야말로 경기 중에 내가 가장 좋아했던 플레이이다. 나는 팀원의 위치를 파악하고 패스에 대한 본능을 따르는 것을 좋아했다. 상대 수비가 시선을 돌리는 것을 눈치 채고는 그의 귀 뒤로 혹은 다리 뒤로 침투하는 팀원에게 공을 던져 주곤 했다. 의욕 넘치는 팀원이 있다면 나와 그는 팀플레이의 흐름을 방해하지 않고도 두 사람만의 경기를 풀어나갈 수 있다.

프라이저와 나는 간결한 역습 플레이를 펼치곤 했다. 패스는 내가 맡았다. 센터가 공을 내 쪽으로 보내면 프라이저가 상대 골문 앞으로 달려 나갔다. 내가 상대 센터를 드리블로 제치고 그를 향해 달린다. 눈을 맞추고, 타이밍을 뺏는 스텝을 밟거나 내 쪽으로 페이크 동작을 한 프라이저는 마크맨의 뒤, 파울 라인의 바로 앞에 열려 있는 공간으로 파고들었다. 내가 바운드 패스를 주면 그는 한 동작에 공을 잡고 바로 레이업 슛으로 연결했고, 관객은 폭발적으로 호응하곤 했다. 이런 움직임의 가치는 바로 우리 팀에게 2점을 준 것이다. (또한 프라이저와 나의 관계를 발전시키기도 했다. 누가 우리 팀에게 간단히 2점을 주는 사람을 마다하겠는가?) 그리고 이러한 부분전술은 상대를 바보같이 보이게 만듦으로써 그들의 사기를 떨어뜨리곤 했다.

둘째는 스크리닝이다.

상대의 진로를 몸으로 차단하는 것은 팀원이 쉽게 슛을 할 수 있도록 돕는 방법이다. 현대 농구에서 스크린 앤 롤 전술이 프로 농구의 전형적 모습이다. 이 전술에 있어서 유타 재즈의 존 스탁턴(John Stockton)과 칼 말론(Karl Malone)보다 뛰어난 사람은 없다. 말론이 스탁턴의 마크맨에게 스크린을 친다. 마크맨이 비어있는 스탁턴은 편안한 점프 슛을 할 기회를 얻는다. 말론의 수비수가 스탁턴에게 재빨리 달려가면 말론은 가볍게 한 바퀴 돌아 스탁턴의 마크맨을 등짐으로써 마크를 전환하기 위해 움직인 자신의 마크맨이 비운 공간으로 패스 경로를 만들어 낸다. 그러면 스탁턴이 쉽게 레이업을 성공시킬 수 있는 위치에 있는 말론에게 빠른 패스를 넘겨준다. 이 두 선수에게는 이 일련의 움직임들이 공격을 위한 무기가 된다. 그리고 대부분은 점수로 이어진다.

공의 반대 방향으로 스크린을 치는 것은 패스 받을 수 있는 공간으로 팀원을 빠르게 보낼 수 있는, 상대를 당황하게 하는 전략이다. 스크린의 보호를 받으며 움직이는 선수에게 집중 마크가 붙으면 스크린을 친 선수가 노마크 상태로 쉽게 골대 쪽으로 침투할 수 있다. 패스 담당자가 그것을 눈치 채고 침투하는 팀원에게 패스를 하면 그는 쉬운 레이업 찬스를 맞을 것이다. 좋은 패서들로 구성된 팀에서는 각각의 모든 장막이 몇몇의 공격옵션으로 된다는 점이 스크린의 아름다움이다. 이런 팀은 오직 서로를 돕기 때문에 작동할 수 있고, 완벽하게 구성된 팀 수비가 아니라면 막기가 거의 불가능하다.

셋째는 공이 없을 때의 움직임이다.

소수의 선수들만 이것을 제대로 할 줄 안다. 대부분의 선수들은 그저 옆에서 팀원이 반대로 달려가는 것을 구경하거나 공을 따라 무작정 달리면서 코트의 패스 공간을 메워 버린다. 이 전략의 가장 기초적인 사례는 공간에서 빠져 나오면서 가드와 센터만을 남겨두어 공간을 열어주는 포워드의 움직임이다. 공의 이동에 초점을 맞출 때는 공간을 창출하여 플레이를 만드는 것이다. 내가 아는 사람 중에 그 누구도 팀원에게 "너를 막고 있는 녀석을 내가 움직이는 곳으로 데려와. 난 꽉 막힌 곳에서 패스를 하거나 득점하는 걸 좋아하거든"이라고 말하는 것을 본 적이 없다.

이타적인 팀 안에서 공 없이 움직이며 자신의 마크맨을 떼어 놓으려고 노력한다면, 공간으로 들어선 순간 공이 자신에게 온다는 것을 알 수 있다. 존 하블리첵(John Havlicek)은 절대 움직임을 멈추지 않는 선수여서 막기가 아주 어려웠다. 그가 나보다 반 발짝 빨랐을 때는(내가 자세히 기억하고 싶은 것보다 많은 경우에 그랬다), 늘 좋은 득점 찬스를 얻을 수 있는 위치에서 공을 받곤 했다.

나는 사람과 1주일간 대화를 하는 것보다 20분간 3대 3 농구 경기를 하는 것을 통해 그 사람을 더 잘 알 수 있다. 한 번은 나의 뉴저지 상원의원 사무실에 새로운 임원을 고용했다. 물론 그 사람이 좋았지만, 그 사람과 농구를 하고 나서야

적임자를 선택했음을 진정으로 깨달았다. 그가 성실한 사람임을 깨달았고(그는 리바운드에 적극적으로 나섰다), 승리에 대한 의지가 강렬하고 경쟁심이 있다는 것을 느꼈으며(그는 바짝 붙어서 수비했다), 이타적인 사람임을 알게 되었다(공의 반대 방향으로 스크린을 쳤다).

이타적인 팀 내부에서는 서로 간의 특별한 유대감이 있고, 그것은 시간이 가도 변하지 않는다. 난 윌리스 리드(Willis Reed)를 볼 때마다, 그가 1970년 챔피언십의 7번째 경기에서 평생 짊어질 부상의 위험을 무릅쓰고도 출전했던 것을 기억한다. 프라이저, 드뷔셰, 먼로(Monroe), 필 잭슨, 바넷(Barnett) 그리고 루카스(Lucas)를 볼 때 나는 그 모든 연습, 비행, 버스 여행, 우리 팀의 정체성을 만들어 준 라커룸을 기억한다. 어떻게 기억하지 못할 수가 있겠는가? 어떻게 그들의 프로페셔널리즘, 승리를 향한 열망, 챔피언이라는 그들의 가장 위대함을 가지고 나와 팀원들에게 보인 기꺼운 믿음을 잊을 수 있겠는가?

1997년 겨울, 나는 보스턴 셀틱스와 닉스의 라이벌 50주년을 기념하는 주말 행사에 참여하러 뉴욕으로 갔다. 양 팀의 모든 당대 스타들이 매디슨 광장에 모여서 행사를 열었다. 행사에서 가장 훌륭한 팀은 역대 최고의 팀인 1964~1965년 셀틱스였는데, 그 면면을 보면 빌 러셀(Bill Russell), 톰 헤인슨(Tom Heinsohn), 샘 존스(Sam Jones) 등등 더 할 나위 없이 화려했다. 그들은 여전히 한 단위로 움직인다는 것을 알 수 있었다. 머리도 더 희끗희끗해졌고 체중도 불었지만 그들은 여전히 서로의 눈에 전사들이었다. 그들이 이룩했던 것에 대한 자부심은 뚜렷했다. 또한 모든 사람들에게 분명했던 것은 서로에게 느끼는 존중과 우정이었다.

챔피언십 우승팀들은 다른 사람들이 느끼지 못하는 것을 함께 경험한다. 그 엄청난 감정은 자부심에서만 나오는 것이 아니다. 팀원들에 대한 헌신이나 소속감의 깊이와 같은 것들은 혈연과 같다. 이는 언어를 통해서는 설명하기가 아주 어려운 감정이다. 농구라는 비언어적인 세계에서는 이것이 삶의 다른 분야에서 나타나는 우아함, 아름다움, 편안함에 견줄 수 있다. 이것이 바로 이타성이 만들어내는 끈끈함이다.

네 번째 슛

존중 | 주는 것, 받는 것

프로 선수들 역시 다른 수백만의 아이들이 스포츠를 접하는 것과 똑같은 방법으로 운동을 시작한다. 나에게는 농구가 중학교 1학년이 되었을 때 갑자기 진지한 문제가 되었다. 매주 화요일 컵 스카우트의 팀장으로 활동하는 동시에 농구 연습에도 참여하곤 했다. 농구 연습 첫 주간에 컵 스카우트의 미팅을 하던 중, 어머니를 통해 "25분 안에 연습에 오지 않으면 팀에서 제명하겠다"는 코치의 전화 소식을 들었다. 코치는 스포츠에 대한 존중을 요구한 것이었다. 사실 나는 컵 스카우트에 너무 많은 것을 투자하고 있었다. 코치의 전화 이후부터 운동에 전력을 다했다.

오늘날 선수 선발은 보통 중학교 때 시작된다. 프로 경력을 노리는 야심찬 부모들이 학교 코치들과 팀의 플레이 스타

일을 합의한 뒤에야 그 코치의 학교에 보낸다. 대학들은 지원서 조건을 충족한 '재능있는' 그러나 대부분(당연하게도) 졸업에 실패하는 학생들에게 장학금을 수여한다. 그렇게 선수들은 고등학교나 대학에 입학한 지 얼마 되지 않아 프로의 길로 접어든다. 반대로 생각하면 삶의 불확실성에 대비한 교육의 기회를 포기하는 것이다. 또한 프로 팀들은 주기적으로 법을 어기는 행위를 일삼는 선수들을 상대해야 한다. 어떻게 보면 농구계는 그 화합을 유지하기 위해서 안간힘을 쓰고 있다.

선수들을 망가뜨리는 부도덕한 지도자들이나 나쁜 코치들이 있는 반면에, 여전히 수천 명의 사람들이 스포츠의 가치와 미덕(Values of the Game)에 깊이 빠져 있다. 그들은 묵묵히 젊은 선수들을 길러 내는 책임감에 충실하고 있다. 미디어가 미화하는 행동들을 합리화하려는 유혹과 압박을 이겨내고 "승리에는 지름길이 없다." "챔피언은 개인의 희생 없이 절대로 이루어지지 않는다." 그리고 "성공의 만족감만한 것은 없다."라는 슬로건들을 계속해서 지킨다. 그들은 스포츠에서 경쟁이 가지는 고귀함을 잘 알고, 성취가 우리 인생 전체의 가장 숭고한 가치들 중 하나라는 것을 보여준다.

모든 스포츠인은 욕망이 일어날 때 어떤 일을 할 것인지에 대한 선택권을 가진다. 이런 순간들은 고등학교 때 농구를 위해 쉬는 시간이 주어질 때부터 시작된다. 대학에서도 이어지는데, 졸업생들이 나태하게 행동하거나 입에 발린 소리를 할 때가 이런 경우이다. 프로 농구 선수는 자주 가는 동네마다 약물, 술 그리고 마약상들에 노출된다. 빠른 성공을 향한 유혹을 거부하거나, 혹은 자신에 대한 존중을 잃어버려 진짜 좋아하는 것을 계속할 수 없게 되는 것이다.

선수들이 대학생이 될 때쯤이면, 코치들이 선수의 인격과 품성을 고칠 수 있는 기회가 줄어든다. 하지만 선수들의 장기적인 목표 설정에는 여전히 도움이 될 수 있다. 조지타운 대학의 존 톰슨(John Thompson), 노스 캐롤라이나 대학의 딘 스미스(Dean Smith), 인디애나 대학의 바비 나이트(Bobby Knight)와 마이크 슈셉스키(Mike Krzyzewski)가 바로 학생들의 스포츠 외 활동 참여에 신경을 쓰는 엄격한 지도자들이다. 이들이 지도하는 학생들 중 90%는 졸업을 한다. 졸업률 90%는 일반 학생들보다 높은 수치이다. 프린스턴 대학의 피트 캐릴(Pete Carril)은 모든 대학 운동선수는 진지한 고민과 함께 해야 한다는 자신의 어릴 적 경험을 알려 준다. 캐릴의 아버지는 펜실베니아 베들레헴에 위치한 제철소에서 일했다. 그는 일을 하러 가기 전, 등교하기 위해 아침 식사 중인 캐릴과 여동생을 돌아보며 말하곤 했다.

"힘센 자들이 약한 자들의 것을 가져가지. 하지만 똑똑한 자들이 힘센 자들의 것을 가져간단다."

훌륭한 코치들은 최고가 되기 위한 여정에 선수들의 발을 들이게 한다. 어떤 이들은 즉석에서 주문한다. 다른 이들은 훈련 일정을 가득 적은 클립보드를 들고 다니곤 한다. 선수와 코치 관계에서 나직히 말하는 "잘했다"는 짧은 한마디는 매우 큰 영향을 줄 수 있다. 마치 마크 트웨인이 "우리는 대부분 한 마디의 칭찬으로 하루 종일 달린다"라고 말한 것처럼 말이다. 젊은이들의 문제에 대해 솔직하게 말하거나 부모와 자식 간의 관계의 변덕스러움에 대해 말하는 것을 통해 어떤 고등학교 코치들은 삶의 영역을 코트 밖으로 넓혀 간다. 그들이 지도하는 선수들이 프로가 되지 않을지도 모르지만, 그들은 게임의 힘을 배웠기 때문에 삶에 대해 준비가 더 잘 되어 있다. 다양한 삶을 살아가는 많은 사람들이 자신의 삶에서 승리를 기원하는 코치를 만났기 때문에 삶을 바꾸었다고 생각한다.

프로 선수가 될 즈음, 농구선수들은 대부분 자신들의 커리어 전체가 많은 세트의 규칙들에 의해 지배받고 있다는 것을 배운다. 경기에 나서고 싶다면 그 규칙들을 따라야 한다. UCLA의 코치 존 우든은 자신의 선수 그 누구도 수염을 기를 수 없다는 규칙을 세웠다. UCLA의 1970년대 당시 스타플레이어 중 한명이었던 빌 월튼(Bill Walton)은 열흘 간의 휴가에서 턱수염을 기른 채 복귀했다. 그가 훈련을 위해 경기장에 도착했을 때, 우든은 그에게 잊은 게 없냐고 물었다.

"코치님, 수염 때문에 그러시는 거라면, 저는 수염을 기르는 것이 허락되어야 한다고 생각합니다. 이건 제 권리입니다."

"자네는 그것을 굳게 믿는가?"

"네, 그렇습니다."

우든의 말은 정중했다.

"난 자신이 믿는 것을 지키고자 하는 사람들을 대단히 존경한다네. 정말 그렇다네. 이 팀도 자네를 그리워 할 걸세."

월튼은 그대로 락커 룸으로 뛰어가 수염을 밀어버렸다. 우든은 자신의 회고록 『코트 위와 밖에서의 평생 간의 고찰과 성찰에 대하여』에서 "서로 악감정은 없었다. 빌은 팀의 안위와 그의 스타일 사이에서 선택을 해야 한다는 것을 이해하고 있었고, 그에게는 역시 팀이 더 중요했다. 내가 빌의 말을 들어주었다면 아마 빌 뿐만 아니라 그의 팀원들에 대한 통제권을 잃었을 것이다"라고 말했다.

프린스턴에서 내 코치였던 반 브레다 콜프(Van Breda

Kolff)는 농구를 마치 변화무쌍한 재즈 공연을 진행하듯이 지도했다. 우리에겐 정해진 경기 양상이 거의 없었다. 패스와 리바운드 훈련도 따로 하지 않았다. 대신 그는 경기를 중간 중간에 멈추며 개선해야 할 점과 함께 경기의 근본적 맥락에 대해 가르쳐줬다. 선수들은 그런 자유로운 스타일의 코칭 아래 경기의 흐름을 읽고 통제하는 법을 배웠다. 무엇보다 그 과정이 즐거웠다. 이와 반대로 1964년 올림픽을 준비하며 내 코치를 맡았던 행크 이바(Hank Iba)는 완전히 다른 스타일을 고수했다. 그는 매일 아침마다 칠판 앞에서 다이어그램을 통해 경기 전략에 대한 강의를 했다. 필기는 필수였다. 그는 자신의 전략에서 벗어나는 것을 허용하지 않았다. 두 코치 모두 관리의 중요성을 강조했다. 두 사람의 성격과 코칭 방식은 극과 극이었지만 콜프는 경기 중 느껴지는 강렬함 때문에, 이바는 훈련의 철저함 때문에 모두 주변 사람들의 존경을 얻을 수 있었다.

* * *

수비를 하게 되면 상대방에 대해 많은 것을 배운다. 상대가 오른쪽 혹은 왼쪽으로 돌파하는지, 코트의 특정 위치에서 그가 슛을 잘하는지 못하는지 뿐만 아니라, 그의 인격에 대해 알게 된다. 그가 얼마나 열심히 일하는지, 얼마나 승리에 대한 열망이 강한지, 자신의 약점을 어떻게 보완하는지, 그리고 자신의 실패를 남의 탓으로 돌릴 가능성이 있는지 등이다. 경기를 하는 양편 다 모든 것을 내려놓고 승리를 위해 최선을 다할 때 그 둘은 가장 위험한 상태에 처한다. 왜냐하면 둘 중 하나는 반드시 실패하기 때문이다. 상대는 당신에게서 이것을 보고, 당신 역시 상대에게서 저것을 본다. 이처럼 밀고 당기는 친밀감 속에서 독특한 존중이 싹튼다. 자신보다 한 수 아래인 선수를 크게 이길 때 느끼는 쾌감은 자신의 맞수를 근소한 차이로 이겼을 때의 쾌감에 비해 아주 작다.

내게는 라이벌인 시카고의 밥 러브(Bob Love)나 LA의 빌 브릿지(Bill Bridges), 볼티모어의 잭 마린(Jack Marin), 애틀랜타의 루 허드슨(Lou Hudson)과 좋은 경기를 한 번 치르는 것이 신참 선수 한 명을 놀려먹는 것보다 훨씬 즐거웠다. 보스턴과 경기할 때는 내가 15득점으로 25득점의 하블리첵에게 10점이 뒤지더라도 우리 팀이 승리한다면 성공이라 여겼다.

월트 체임벌린이 빌 러셀을 상대한 경기는 상호 존중을 바탕으로 한, 역사에 남을 매치업이었다. 체임벌린은 독보적인 선수였다. 그는 무지막지한 기록을 자랑했는데 한 해 경기 당 득점이 평균 50점이었다. 다른 어느 해는 평균 리바운드가 27.2개였고, 경기 중 최다득점 기록은 100점이었다. 이에 반해 러셀은 극한의 팀 플레이어였다. 그의 팀 셀틱스는 13년 동안 무려 11개의 챔피언십에서 우승을 차지했다. 번개 같은 반사 신경과 강철 같은 집중력을 가진 그의 유일한 목적은 경기에서 이기는 것이었다. 러셀은 기록 측면에서 체임벌린을 제치진 못해도 늘 한 발 앞서 있었다. 이 둘은 코트에서 매년 대여섯 번 가량 맞붙었고, 그 때마다 최선을 다했다. 그들은 서로를 더 높은 단계까지 밀어올렸다.

존경심을 얻기 위해서 스타가 될 필요는 없다. 벤치의 대기 선수들은 경기 출전 시간이 극히 적을지 몰라도 결국 팀의 질을 향상시키는 것은 그들인 경우가 많다. 그들이 스스로의 임무가 훈련을 열심히 함으로써 다섯 명의 주요 선수들이 경쟁심을 느끼고 코트에서 최고의 실력을 발휘하도록 돕는 것이라면, 그들은 우승에 필수적인 존재라고 볼 수 있다. 스웬 네이터(Swen Nater)는 UCLA에서 연습 때마다 빌 웰튼의 실력을 한계까지 끌어올렸다. 대학에서는 몇 경기를 했을 뿐이지만 NBA에 곧바로 드래프트될만한 실력을 보여주었다. 켄 샹크(Ken Shank)도 프린스턴에서 매번 같은 방식으로 나를 발전시켰고, 닉스 소속으로서의 말년에는 필 잭슨이 그 역할을 맡아 주었다. 마이크 리오던(Mike Riordan), 빌 호스킷(Bill Hoskett), 돈 메이(Don May)와 존 워렌드(John Warrend)는 1970년도 챔피언십에서 그리 크게 주목받지 못했고, 딘 메밍거(Dean Meminger), 하우든 윙고(Hawthone Wingo), 헨리 비비(Henry Bibby)와 존 지아넬리(John Gianelli)는 1973년도의 경기에서 개인적인 영광을 누리진 못했지만 두 해 모두 팀원들의 존경심을 얻어냈다.

* * *

팀원들 간의 존경심에는 코치와 룰과 상대팀을 능가하는 다른 차원의 특별함이 있다. 승리하는 팀의 동료들은 절대 남이 되지 않는다. 고등부 주립 토너먼트, 대학 컨퍼런스 챔피언십에서 우승한 동료들은 그들이 공유하는 승리를 통해 오래도록 서로 결속되어 있다. 프로 팀들은 프리시즌 경기부터 결승전까지 포함해 한 시즌에 100경기 이상을 함께 뛴다. 선수들은 보통 5일간 4 경기를 4개의 다른 도시에서 치른다. 2월 말 즈음이 되면 선수들의 가장 큰 적은 피로다. 지혜롭게 시간 관리를 하더라도 늘 충분한 휴식을 위한 시간이 부족하다. 따라서 매일 밤 경기에 나서고 승리를 위해서는 스스로를 혹사해야한다. 기나긴 시즌 덕에 얼굴에 피로가 묻어나는 데이브 드뷔셰와 눈썹을 찡그리고 양 무릎에 파스를 붙인 윌리스 리드는 다섯 밤 중 네 번째 도시의 락커룸에서 서로를 바라보았다. 그들의 눈빛은 이렇게 말하는 듯했다.

"난 지금 뼛속까지 힘들어. 저기 나가고 싶지 않다고. 하지만 네가 출전한다면, 나도 하겠어."

이런 깊은 존중은 팀에 대한 헌신으로부터 나온다. 그리고 경기가 끝나면 서로가 최선을 다했다는 것을 안다. 그것은 솔직하고 자유로운 관계이다. 누군가가 스크리닝이나 리바운드, 수비에서 헌신을 하지 않았다고 속으로 화를 내지 않는다. 모두는 그 날의 경기가 우리들의 힘을 합친 결과물이 가져다 줄 수 있는 최선의 결과였음을 안다. 패배했다면 상대가 우리보다 잘했기 때문이지 팀의 능력을 최대한으로 발휘하지 못해서는 아니다. 각 팀원이 최선을 다했다는 믿음에는 결코 흔들림이 없다.

* * *

농구를 하며 어느 정도 관록을 쌓으면 그 스포츠 자체에 대한 존경심이 생긴다. 내가 프로 선수였던 10년 중 9년 동안 선수협회 닉스 대표로 가장 힘들었던 것은 오직 협회만 생각하는 것이었다. NBA가 경기에 피해를 끼치지 않으며 우리의 요구조건을 수용할 수 있을지 의문이 들었다. 내가 항상 문제를 과대평가하긴 했어도 이 느낌만은 맞았을 것이다. 선수들은 자신의 이익을 위해서 뿐만이 아니라 수백만 명의 팬들에게 경기의 질까지 책임을 져야한다. 점수 조작, 마약 스캔들과 게으른 선수들은 이 스포츠의 이미지에 악영향을 끼친다. 게임의 명예가 추락하면, 선수들의 명예도 함께 추락하는 것은 오래 걸리지 않는다. 경기는 사람들이 보고 싶어 하는 것 때문에 존재한다. 팬을 끌어 모으는 것은 스타 선수지만, 그들이 계속 돌아오게 만드는 것은 좋은 경기다.

팬들을 돌아서게 하는 것도 가능하다. 불필요한 폭력(코치를 폭행한 라트렐 스프리웰(Latrell Sprewell)), 비싼 티켓 값(매디슨 스퀘어 가든의 코트사이드 티켓 값은 1,350 달러까지 오른 적이 있다), 그리고 선수들이 돈밖에 모른다는 인식(1억 달러도 부족하다는 케빈 가넷(Kevin Garnett)) 등은 팬들과 경기 사이에 벽을 쌓는다. 이와 반대로 친근하거나 명예로운 선수들은 팬들을 경기장으로 이끈다. 테네시의 샤미크 홀드클루(Chamique Holdsclaw)는 열린 태도와 유머로 팬들을 사로잡았고 학교의 명예를 드높였다. 올랜도의 호레이스 그랜트(Horace Grant)는 스탠드의 아이들에 대한 세심한 태도를 보여준다. 피닉스의 케빈 존슨(Kevin Johnson)은 그의 고향 세크라멘토의 유아개발 프로그램을 지원하며 가난한 아이들을 도와준다. 데이비드 로빈슨(David Robinson)은 샌안토니오에 사는 장애우 어린이들에게 홈 티켓을 25장씩 직접 사서 나눠준다. 선수들이 사인을 성심성의껏 해주고, 어떤 행사에는 무급으로 출연하는 등, 자신들이 남들의 본보기가 된다는 것의 힘을 아는 농구팀은 이웃 같은 친밀함을 갖게 된다. 커리어의 중반 즈음에, 대부분의 선수들은 부자가 되는 것 말고도 공동체에서 책임을 다할 기회, 혹은 그것을 넘어 의무감을 느낀다. 때로 선수들은 코트 밖에서의 더 큰 의무를 저버리고 자신들에게만 집중한다. 이런 선수들이 은퇴할 준비가 되었을 때, 녹슬어 가는 그들의 실력 이외에 정체성을 거의 가지지 못한다. 농구선수 이후의 삶이 새로운 요구들을 해올 때, 농구에서 쌓은 자신들의 발자취가 모래바람 속의 발자국처럼 없어지기 시작하는 것을 발견한다.

프로 세계에서 농구는 비즈니스 이상이다. 그간 쌓인 기억과 가치관과 감정은 선수들을 농구에 묶어 놓는다. 대부분의 선수들에게 그 기억은 생동감이 넘치고, 그 가치들은 내면

화되어 있다. 이것은 모두 이 판을 둘러싼 물질주의를 이겨내는 힘이 되어준다. 농구에서 존경을 표하는 법을 배운 시점에선 아마 받는 법 또한 알고 있을 것이다. 그때는 가장 낮은 사람도 정중히 대하는 것이 너무나 쉽게 느껴질 것이다.

다섯 번째 슛

통찰력 | 행동의 균형을 잡는다

팀 플레이어들은 상대와 동료 사이에서 자신이 어디에 있는지 정확히 알고 있다. 코트 밖에서 그들은 승리가 일시적 이라는 사실을 이해함과 동시에 그것을 성취하는데 따른 뒷 받침이 얼마나 중요한지를 제대로 알게 된다. 스스로에 대한 강점과 약점을 안다는 것은 성공으로 한 발짝 다가서는 것이 지만 그것만으로 충분하지는 않다. 그 앎을 기반으로 하여 행동하는 것, 이때 요구되는 힘이 통찰력이다.

"승리는 여러 모습으로 나타난다. 현명한 사람들은 최고의 모습을, 그렇지 않은 사람들은 최악의 모습을."

피트 캐릴은 회고록에서 이렇게 말했다. 이런 행동패턴 은 이르면 고등학교 시절부터 형성되는 것을 볼 수 있다. 어떤 선수들은 승리를 겸손과 긍지로 대하고, 그것으로 부러움을 얻는다. 반면에 다른 어떤 이들은 이기면 어쩌나 거들먹거리는지 가까이 가기도 싫어질 정도다.

"이기면 환호하지 말라. 지면 울지 말라."

내 고등학교 코치 아벨 포프(Arvel Popp)은 이렇게 말하곤 했다. 팀 스포츠에서 승리에 대한 통찰은 누가 승리에 공헌했는지 아는 것으로부터 온다.

1965년에, 나는 NCAA 토너먼트에서 58득점으로 신기록을 세웠다. 몇 년 후, 노트르담의 오스틴 카(Austin Carr)가 61득점을 올리면서 그 기록을 깨자 사람들은 그가 내 기록을 깬 것이 분하냐고 물어보았다. 나는 신경 쓰지 않는다고 대답했다. 기록은 깨지라고 있는 것이다. 릴레이 경주의 바톤처럼 기록은 한 선수에서 다른 선수에게로 넘겨진다. 팀 스포츠에서 유일하게 중요한 기록은 팀의 것이지 한 구성원의 소유물이 아니다. UCLA에서의 12년간 열 번의 NCAA 우승, 보스턴 셀틱스의 13년간 열 한 개의 NBA 우승은 농구에서 가장 인상적이고 중요한 기록들이다. 나는 이 기록들이 절대 깨지지 않을 것이라고 믿는다-깨질 때까지는 말이다.

* * *

농구는 우리 시대의 핵심적인 윤리 사안인 인종 간 화합의 필요성에 대해 그 어느 스포츠보다도 특별한 관점을 제공해준다. 빌 러셀은 대부분이 정치적이었던 인생과 달리 농구만큼은 모든 것이 숫자에 불과하기 때문에 농구를 좋아한다고 했다. 미국에서 삶의 정치성을 고려했을 때 흑인은 자신의 능력을 제대로 인정받을 수 없었다. 이는 대부분의 경우 어느 순간에서부턴가 개입되는 인종차별적인 사고와 행동들이 그들의 업적을 와해시켜버리기 때문이다. 하지만 농구에서는 리바운드나 득점의 성공 가능 여부만이 중요할 뿐이다. 더 나아가 능력과 보상 사이의 인공적인 장벽 또한 존재하지 않는다.

1998년 2월의 어느 오후에 XNBA라고 불리는 한 단체가 뉴욕시에 모였다. 현대의 농구를 형성하는데 크게 기여한 농구 선수들, 구단주들 그리고 코치들에게 최초의 상을 수여하기 위해서였다. 빌 러셀은 자신의 옛 코치이자 10년간 아홉 번이나 NBA 챔피언십에서 우승을 했음에도, '올해의 코치'로 단 한번밖에 선정되지 못한 레드 아워백(Red Auerbach)에게 상을 주었다. 러셀은 레드와의 우정에 대해 설명하기 시작했다.

"저는 그를 딱히 사회 혁신가라고 생각하지는 않습니다.

그러나 레드는 분명히 대단한 일들을 해냈습니다. 예를 들어 셀틱스는 최초로 흑인을 영입한 팀이었고, 최초로 플레이어 다섯 명 모두가 흑인으로 구성되었던 팀이었으며, 최초로 흑인 감독을 두었던 팀이기도 했습니다. 그는 다른 어떠한 이유로 인해서라기보다는 그저 그들이 농구를 가장 잘하기 때문에 데려왔습니다."

흑인들과 오랫동안 같은 팀에서 뛰다보면 미국에서 공공연하게 이루어지는 인종에 대한 집착이 얼마나 어리석은지 알게 된다. 옳은 길을 선택하는 일은 매우 단순하다. 다른 인종의 팀 동료들에게 존경을 표하고, 공정히 대하고, 의견이 다를 때에도 항상 정직할 수 있도록 하고, 우정을 즐기고, 진솔하게 의견을 나누고, 공동의 목표를 향해 함께 노력하면 된다. 거짓말, 분노, 근거 없는 두려움 모두가 필요 없다.

왜 그러한 이상은 미국 전역을 통틀어서 농구 코트 위에서 가장 잘 실현될 수 있었을까? 나는 그것이 농구라고 생각한다. 팀 공동체 내에서는 서로 간의 사이가 가까워 대화가 필수적이며, 지속적인 여행 때문에 서로 간의 상호작용이 많고, 경쟁이 치열하여 상대에게 도전을 하는 것을 피할 수 없고, 경기가 매우 유동적이어서 팀원에게 의존할 수밖에 없으며, 좋았던 순간과 그렇지 못했던 순간들이 잦아 그것들을 동료와 나누게 되며, 마지막으로는 시즌이 길기 때문에 상호간에 수용적인 태도를 가지게 되기 때문이라고 생각한다. 물론 그 어떤 인종차별주의자도 자신의 편견을 유지한 채로 다인종 팀에서 살아남을 수 없었다는 것은 아니지만, 그 수가 극히 적었다.

농구에서 승리와 패배를 가르는 경계은 매우 얇다. 우리들 모두의 삶이 둘의 중간에 위치해 있음을 보여준다. 1970년에 닉스는 농구의 꽃인 NBA 챔피언십을 두고 LA 레이커스와 경기를 하게 되었다. 상대 선수들 중에는 어릴 적 나의 영웅들이었던 체임벌린과 엘진 베일러 그리고 제리 웨스트도 있었다. 경기를 펼치는 와중에 윌리스 리드가 다쳤다. 언론은 지속적으로 오래된 스타와 급부상한 신생강자 중 어느 쪽이 더 우수한 팀인지 비교하는 등 경기를 극적으로 만드는 여러 요소들로 분위기를 몰아갔다. 결국 챔피언십은 7번째 경기, 즉 마지막 경기에 모든 것이 결정지어졌다.

나는 챔피언십에 참가하면서 우리들의 경기가 톨스토이가 전쟁에 대해 이야기했던 바와 매우 비슷했다고 생각했다. 결정적으로 사건을 좌우하는 것은 훌륭한 지휘 능력이 아니라 오히려 우연, 즉 예측 불가능한 요소들이기 때문이다. 이러한 상황에서는 아무리 꼼꼼하고 세심하게 준비하였다 하더라도 주도권을 잡기 위한 방안을 찾기 마련이다. 아무리 작은 이점이라 할지라도 놓칠 수가 없다. 운명은 윌리스의 부상당한 외전근의 모습으로 경기에 개입하였다.

농구장 위에서 웨스트, 베일러 그리고 체임벌린이 마지막 경기에서의 승리를 확신하며 몸을 풀고 있었다. 그러던 중 갑자기 부상을 입었던 윌리스가 등장했다. 관중들은 흡사 나이아가라 폭포가 연상될 정도의 큰 소리로 열광했다. 예측하지 못했던 일이 발생했기 때문이었다. 바로 그 순간 분위기는 완전히 전환되었고, 닉스는 엄청난 희망으로 가득 차게 되었다. 드뷔셰는 레이커스의 스타들이 코트의 반대편에서 자신들의 준비운동을 멈춘 채 게임 시작을 알리는 버저가 울릴 때까지 슛을 집어던지는 윌리스를 그저 구경하고 있었다고 회상했다.

윌리스의 등장만으로도 흐름은 완전히 뒤바뀌었다. 그가 두 개의 슛을 던져 넣은 첫 2분만에 레이커스의 운명이 결정지어졌다. 그들은 멍해보였다. 심리적 압박이 내 어릴 적 영웅들에게까지 영향을 미쳤고, 그들도 결국 흐름을 거부할 수는 없었다. 여섯 번째 게임에서 45득점을 했던 체임벌린은 마지막 경기에서 동일한 팀을 상대로 21득점밖에 하지 못했다. 베일러와 웨스트 또한 상황은 별반 다르지 않았다. 반면 우리 팀은 똘똘 뭉쳤고, 결국 승리할 수 있었다.

월리스의 영웅적인 행동이나 우리의 홈 코트 어드밴티지 등 여러 변수들 중 그 어느 하나라도 달랐더라면 경기의 결과는 충분히 바뀔 수 있었다. 하지만 달라진 것은 아무것도 없었다. 물론 항상 일이 잘 풀렸던 것만은 아니다. 1년 뒤에는 월리스가 여전히 무릎의 염증으로 힘들어했고, 우리는 볼티모어에게 동부지구 결승전에서 패배했다. 2년 뒤에는 조금 달라진 레이커스에게 결승전에서 4대1로 패배했다. 네 번째 경기에서 한두 개의 골만 더 넣어서 7차전까지 갈 수 있었다면 결과는 어땠을지 아무도 알 수 없다. 나는 그러한 순간들을 떠올릴 때마다 매 순간이 얼마나 치열했는지, 그리고 그것들이 내가 삶을 바라보는 관점에 어떤 영향을 미쳤는지 생각하곤 한다. 덕분에 나는 꾸준함의 중요성을 알 수 있었다. 또한 좀 더 장기적인 시각을 가질 수 있게 되었고 균형을 맞추는 일의 어려움도 알 수 있었다. 이러한 통찰력은 인생이 가져다주는 선물들에 대해 감사할 수 있게 해주었다. 더욱 풍부하고 열정적인 삶을 살 수 있는 투지로 이어지기도 한다.

* * *

선수는 코트 위에서 이루어지는 게임 이외에도 대중과 그들의 구단, 언론이라는 더 큰 세상과도 수시로 상호작용을 해야 한다. 공인으로서 자기 자신에 대해 올바른 관점을 지닌다는 것은 쉬운 일이 아니다. 이와 관련한 문제는 선수 생활 초기에 갑자기 나타날 수도 있다. 고등학교 선수가 갑자기 언론의 관심을 받게 되면 오만해질 수도 있고, 팀과 동떨어진 것처럼 느낄 수도 있다. 명성은 마치 폭풍우와도 같다. 그것은 순식간에 찾아왔다 순식간에 다시 떠나간다. 그리고 그 과정에서 대부분의 경우 많은 피해를 남기곤 한다.

나는 언제나 대중들이 훌륭한 경기를 대접받아 마땅하다고 생각한다. 그래서 매일 밤마다 내가 가진 모든 것을 보여주기 위해 노력했다. 하지만 게임 후에 진행되는 인터뷰에서는 항상 좋은 모습을 보여주지 못했다. 내 인터뷰는 매번 시합 결과표를 되풀이해서 확인하는데 그칠 뿐이었고, 팀원들도 상황은 별반 다르지 않았다. 대부분의 선수들은 언론이 우리들의 적수가 아니라는 사실을 알고 있다. 그렇다고 그들과의 우정을 가장하거나 아예 접촉을 피하는 것보다는 그들을 존중받아 마땅한 전문가로 이해하는 것이 훨씬 바람직하다. 기자들은 그저 자신들이 해야 할 일을 하고 있었을 뿐이다.

* * *

훌륭한 농구 선수들 중 일부는 자신이 이룬 업적을 바탕으로 젊은 시절의 포부를 정당화하고 꿈을 향한 헌신과 부단한 노력을 독려한다. 그들은 자신의 재능을 갈고 닦기 위해서 얼마나 많은 노력을 기울였는지 알고 있지만, 동시에 자신들의 재능을 신으로부터 받은 선물로 인식하기도 한다.

자신들의 특별한 재능이 스스로에 의해서만 만들어지지 않는다는 것을 인정함으로써-지나친 겸손이다- 그것이 영적인 영역일 수도 있다는 점을 암시한다. 이와 관련하여 머릿속에 떠오르는 것은 바로 매직 존슨의 열정이다(그리스어로, '열정'은 "신의 영혼으로 가득 차는 것"을 의미한다).

줄리어스 어빙은 그가 하는 일이 말 그대로, "신을 위해 뛰는 것"이라고 표현했다. 이런 선수들은 선천적으로 영혼에 대한 이해가 뛰어난 것으로 보인다. 미국인들의 삶에선 이미 너무나도 당연한, 그리고 농구에서조차 점점 당연해지고 있는 탐욕과 이기주의에 반대하며 그들은 내면의 평화를 더욱 강조한다. 고대 그리스인들이 그랬듯이, 훌륭한 선수들은 단순히 힘겨루기와 경쟁 등의 시련을 받아들일 뿐만 아니라, 우리가 일상 속에서 하는 것들, 또 우리 자신들보다 더 크고 오래 지속되는 무언가의 사이에 있는 연결고리를 보여준다.

여섯 번째 숏

용기 ┃ 솔직하게 이야기하라

고등학교에 입학한 열네 살 때부터 나는 이미 키가 1미터 90센치였고, 몸무게는 90킬로그램에 달했다. 하지만 엄청난 체구에도 불구하고 미식축구 팀에 들어가지 않았다. 내가 사랑하는 운동은 농구였기 때문이다. 그러나 미식축구와 농구를 둘 다 가르쳤음에도 미식축구를 더 선호했던 고등학교 코치는 내가 다칠까 두려워서 미식축구를 하지 않는 것이라고 의심했다. 내가 기어이 학교의 농구 대표팀에 들어가자, 그는 나의 용기를 시험해보고자 했다. 정식 훈련이 시작되기 전인 크리스마스 방학 때 나보다 5센티미터 더 크고 대략 10킬로그램은 더 나가는 대학교 미식축구 선수를 데려와 나와 복싱 경기를 하게 만들었다. 나는 비오는 날 먼지 나듯이 맞았지만, 그럼에도 불구하고 절대로 물러서지는 않았다. 그것으로 코치에게 보여줄 나의 용기는 증명이 되었다.

스포츠에 있어서 용기는, 가장 간단하게 말하자면, 팀을 위해 나의 모든 힘을 쏟아 붓는 것이다. 농구에서는 루즈볼이 있을 때 바닥이 딱딱한 것은 잊고 그것을 쟁취하기 위해 몸을 날리는 행동이다. 리바운드를 시도했다가 얼굴을 팔꿈치로 가격 당했을 때, 다음번에는 더 공격적으로 나갈 것을 잊지 않는 마음이다. 압박수비를 펼칠 때 상대가 거대한 포워드를 이용한 스크린으로 당신을 끌고 들어간다면, 그 스크린과 싸워서 이겨내는 강인함이다. 당신이 스크린을 세웠는데 거대한 포워드가 온 힘을 다해 달려들려고 한다면, 그 공격을 받아내는 담대함이다.

패트릭 유잉(Patrick Ewing)이 골대를 향해 전속력으로 달려드는 2미터 5센치의 키에 109킬로그램짜리 포워드의 앞에 자신을 놓음으로써 그 돌격을 받아낼 때는 너무 멋져 안아주고 싶을 정도였다. 용기는 겁이 없는 것과는 다름을 강조할 필요성이 있다. 용기는 두려움을 받아들이고 극복해 낸다 – 부상, 실패, 나에 대한 좋지 않은 시선, 평계를 포기해야 하는 모든 두려움.

신인 선수였던 해 12월, 나는 보스턴을 상대로 하는 게임에서 가드 롤을 맡아 경기에 참여했다. 나는 너무 느렸고, 특히 수비 시에 그랬다. 우리는 풀 코트 압박 수비를 하고 있었다. 공이 인바운드된 후 베이스라인에서 마크맨을 따라잡았다. 물거미가 물 위를 미끄러지듯이 발을 움직이며 나는 그를 사이드라인 쪽으로 압박하려고 노력했다. 코트의 중앙선을 조금 지나, 118킬로그램의 거대한 백업 센터 웨인 엠브리(Wayne Embry)가 스크린을 쳤다. 나는 그와 충돌하고는 마치 벽에 부딪힌 것처럼 바닥으로 쓰러졌다. 그 순간에, 용기라는 것은 그 통증과 창피를 털어내고 나의 마크맨을 다시 찾는다.(만약 당신이 느리다면, 때로는 용기가 당신의 마지막 자산이 될 수 있다!)

리그에서의 10년 동안 가끔은 너무 심하게 다쳐서 몇 경기에 출전하지 못했다. 벤치에 사복을 입고 앉아 거인들이 가젤처럼 뛰고 발레 댄서처럼 춤추는 모습들을 봤다. 리바운드에서 한 선수가 다른 선수를 쳐낼 때의 묵직한 충돌을 보고 들었다. 수비 상황에서 상대를 치고 긁는 것과 돌파를 저지하려는 거친 파울들을 지켜보았다. 매번 같은 반응을 하곤 했다. 내가 저런 데서 경기를 한다고?

농구에서의 가장 큰 용기는 아프거나 다친 선수가 팀을 위해 코트에 머물러 있을 때 나타난다. 한 리포터가 영국인 육상선수 데이비드 모크로프트(David Moorcroft)에게 왜 최악의 상황에도 레이스를 포기하지 않았는지에 대해서 물어보았다. "그러한 행동이 나 자신의 미래에 대한 선택권을 스스로 부여하는 것이라고 생각합니다." 데이비드의 대답이었다. 우수한 선수 중에서 근육 파열, 무릎이나 발목의 접질림, 타박상, 독감 혹은 복통을 경험하지 않은 선수는 없다. 경기가 끝나고 통증이 덮칠 때 스스로 미쳤었던 게 아닐까 생각하지만, 이 질문은 경기 전에 라커룸에서 스스로에게 하지 않는 말이다.

LA를 상대로 한 1970년 결승전의 7번째 게임에서 윌리스 리드는 걷기도 힘들 정도의 무릎 통증에 시달렸다. 1997년 유타 재즈와의 결승전 5번째 경기에서 마이클 조던은 39도에 가까운 고열이었지만 그럼에도 경기를 뛰었다. 그는 기대 이하의 경기력으로 인해 비난받는 것을 두려워하지 않았다. 그는 자신의 건강에 있을 수 있는 평생을 안고 갈지도 모를 피해에 대해서도 생각하지 않았다. 그는 자신이 물러서는 모습을 바라지 않았다. 내면에 있는 힘을 불러내 자신의 모든 역량을 쏟아 부었다. 결국 38득점, 7번의 리바운드, 그리고 5번의 어시스트를 기록했다.

래리 버드(Larry Bird)의 NBA 마지막 시즌은 이러한 용기의 전형적인 경우이다. 9년간 끊임없이 사용한 탓에 그의 등은 그를 골치 아프게 했다. 락커룸에서 빠져나올 때마다 버드는 마치 장애가 있는 사람처럼 움직였지만 관중들 앞에 서기만 하면 그는 전혀 다른 모습으로 변했다. 버드가 명예의 전당에 입성할 때 셀틱의 CEO였던 데이브 가빗(Dave Gavitt)이 말했다.

"버드는 자신이 아프다는 사실을 경기가 끝날 때까지 알지 못하는 듯했다. 그는 마치 새로운 등을 가진 듯이 보였다."

버드가 1991~92시즌을 마쳤을 때 좋지 않은 징조가 보였다. 그의 몸이 결국 다 닳아버린 것이다. 그의 계약서에 2년간 계약으로 한 해당 450만 달러를 받을 수 있다는 내용이 담겨 있었다. 그가 은퇴를 하지 않는 이상 8월 15일부터 자동적으로 효력이 발생한다. 8월 12일, 버드는 가빗을 만나 은퇴할 결심이라고 밝혔다. 8월 15일의 기한과 버드가 셀틱스를 위해 헌신한 날들을 알고 있는 가빗은 버드에게 다시 생각해볼 며칠을 주겠다고 말했다. "나는 이 날짜가 무엇을 의미하는지 압니다." 버드가 대답했다. "나는 더 이상 경기를 하지 않을 생각입니다. 그리고 내가 뛰지 못할 것을 아는 이상, 돈을 받을 수 없습니다. 내가 벌지 않은 돈은 단 1센트도 가져가지 않을 겁니다."

때로는 고통스러운 상태에서 경기에 임하고자 하는 결심

은 단순히 승리를 의미하는 것이 아니다. 다른 동료들에게 나를 증명하려는 의무감이라고 할 수 있다. NBA 두 번째 시즌 동안, 가드였던 나는 스스로의 기대치에 미치지 못하는 실력이었다. 1월에 닉스의 주전 포워드였던 케이지 러셀(Cazzie Russell)의 발목이 부러졌다. 레드 홀츠먼 감독이 나에게 그의 자리를 대체하라고 했다. 그것은 대단한 기회였다. 며칠 후 우리는 경기를 위해 샌디에고에 도착했다. 호텔에 도착하고 오래지 않아서부터 속이 울렁거리기 시작했다. 탈의실에 도달했을 때는 메스꺼워서 토할 지경이었다. 경기가 시작됐지만 나는 여전히 아팠다. 경기장을 몇 번 왕복한 후 중간 휴식 시간에 벤치로 가서 양동이에 구토를 했다. 그날 저녁 우리는 밀리고 있었고, 나는 경기에서 빠지지 않을 결심을 굳게 다짐하고 있었다. 자유투를 하는 동안 몇 번씩 농구 골대를 잡고 마른 숨을 내쉬었다. 나는 스스로에게 말했다. "머릿속에서 지워. 계속 플레이해." 다른 선수들은 나의 모습을 보고 웃었다. 나는 그들이 내 머릿속에서 오가는 생각들을 모두 알아차리고 이해했을 것이라고 확신한다.

* * *

슈팅은 슈팅에 대한 어떤 용기가 필요하다. 큰 경기를 할 때, 용감한 선수라면 볼을 원해야 한다. 기꺼이 패배와 좌절을 맛본다 할지라도 말이다. 그의 자신감은 압박감과 함께 형성된다. 많은 팀에서 회자되는 오랜 농담이 하나 있다. 앞선 세 쿼터 동안 공을 달라고 하던 팀의 주포가 중요한 순간만 되면 보이지 않는다는 것이다. 그의 슈팅은 기술적으로는 완벽하지만 그에게 있어 실패에 대한 두려움이 지나치게 큰 것이다.

당신이 슈터인데 숏이 빗나가기 시작했다면, 오픈 상황에서 숏 시도를 계속해야 한다. 이것은 절대 쉬운 일이 아니다. 숏의 실패는 다른 선수들을 긴장시킨다. 그들은 의식적으로든 무의식적으로든 주저하기 시작한다. 한 번 더 숏하는 것은 득점 기회가 아닌 고문이기 때문에 숏하는 것 자체를 멈춘다. 반대로 훌륭한 선수는 계속해서 시도를 하려고 덤빈다.

닉스와 함께한 거의 대부분의 기간에는 다섯 명 주전들이 모두 슈팅을 했다. 누군가 한 명이 숏을 놓쳐도, 나머지는 절대 불평하지 않았으며 서로를 탓하지 않았다. 우리는 한 팀이었다. 우리 사이에서는 숏을 실패한 것에 대해 이해하고 포용했지만 간혹 관중들은 이해하지 못했다. 1971년, 볼티모어를 상대로 하는 동부 플레이오프의 일곱 번째 게임 막판, 점수는 볼티모어가 93점, 뉴욕이 91점이었다. 경기 시간이 4초가 남았고, 베이스라인 쪽 공간만 열려 있는 상태에서 나는 월트 프라이저에게 공을 건네 받았다. 두 번의 드리블을 한 후 슛을 던졌다. 그때 볼티모어의 센터인 웨스 언셀드(Wes Unseld)가 공에 손을 갖다 대는 데 성공했다. 공은 백보드의 측면을 맞았고 2회 연속 우승에 대한 꿈은 날아가버리고 말았다. 오늘날까지도(가장 최근에는 1998년에 미국 주식거래소를 방문했을 때였다) 모르는 사람들은 나에게 "1971년에 있었던 볼티모어와의 경기에서 왜 그 슛을 놓쳤나요?"라고 질문한다.

파울 라인은 선수가 가장 잘 보이는 장소이다. 당신은 그곳에 홀로 있다. 아무도 당신을 수비하지 않고 있다. 따라서 아무런 변명도 통하지 않는다. 당신을 좌절시키는 유일한 것은 두려움과 부족한 용기이다. 1968년 보스턴과의 경기에서 나는 닉스가 1점 앞서고 있는 상황에서 마지막 1분 30초를 남기고 파울을 당했다. 만약 내가 2번의 자유투를 모두 성공한다면 우리는 이길 것이었고, 실패한다면 질 수도 있었다. 이 경기는 커리어 초창기에 감독이 결정적인 순간에 나를 투입한 몇 안 되는 경기들 중 하나였다. 나는 선발선수도 아니었고, 경기력 또한 썩 훌륭하지 않았다. 말할 것도 없이 엄청난 긴장감이 덮쳐왔다. 내가 자유투 선으로 나아가자 심판은 내게 공을 넘기며, '네 실력을 보여주거라'라는 말로 내 긴장감을 고조시켰다. 따뜻한 말에도 불구하고 나는 두 숏 모두 실패했다.

1997년 어느 일요일 오후에 열린 유타와 시카고의 NBA 결승전에서도 비슷한 일이 벌어졌다. 중요한 순간마다 정확하게 전달해주는 능력 덕에 '우편배달부'라고도 불리는 유타 재즈의 포워드 칼 말론은 경기가 몇 초 남지 않은 상황에서 자유투를 두 개나 놓쳤다. 유타는 졌다. 말론이 숏을 하기 전에 스코티 피펜(Scottie Pippen)은 그에게 "칼, 우체부는 일요일에 배달하지 않아"라고 말했고, 이는 매우 효과가 컸다. 하지만 더 중요한 것은 그 이후에 발생한 일이다. 대부분의 선수들은 피펜의 심리적 방해공작 등 여러 요인들을 핑계 삼아 변명을 하려고 했을지도 모른다. 그러나 말론은 달랐다. 그는 모든 책임을 떠안았다. 그는 자신의 실수를 순순히 인정했고, 다음에는 더 잘하겠다는 다짐을 이야기했다. 이는 용기가 무엇인지 확실하게 보여주었다.

* * *

농구선수들이 직장인도 공감할만한 용기를 보여준 때가 있었다. NBA 초기에 선수들은 별다른 혜택도 없었고 제대로 된 월급조차 받지 못하고 있었다. 몇몇 선수들이 모임을 형성하여 생활환경의 개선부터 연금제도와 건강보험을 마련하기 위한 연합을 만들기로 결정하였다. 연합을 인정받기 위해 선수들이 1964년 올스타 경기를 거부했지만 구단주들은 그들을 무시했다. 그들은 선수 모두를 해고하겠다며 협박했다. 선수들은 연합에 대한 인정이 없다면 올스타 경기 또한 없을 것이라며 꿈쩍도 하지 않았다. 이 올스타들은 자신들이 다른 모든 프로 농구 선수들의 입장을 대변하는 것이나 다름이 없다는 것을 알고 있었다. 결국 구단주들의 마음은 수그러들었고, 올스타 경기는 그날 밤 치러졌다. 사실 이런 일은 미국의 많은 산업현장에서 이미 일어난 흔한 이야기이다. 나에게 이 이야기는 한 개인으로서는 작은 힘을 행사할 수밖에 없다고 하더라도, 힘을 합친다면 대단한 일들을 해낼 수 있다는 생각을 굳힌 강력한 근거가 되어주었다.

* * *

농구에서는 관중을 바라보는 것조차도 때로는 용기가 필

요하다. 관중은 당신을 두려움에 떨게 하고 피곤하게 한다. 그것은 가차 없으며, 나의 초창기 시절에 그랬듯이 상당한 고통으로 다가올 수 있다. 뉴욕의 팬들은 내가 순식간에 스타덤에 오르기를 바랐고, 그러지 못하자 그들은 적대적으로 변했다. 처음 열 경기 정도가 진행된 후로부터는 나의 이름이 언급될 때마다 사람들은 야유하기 시작했다. 몇몇 제멋대로인 팬들은 내가 퇴장할 때 물건들을 집어 던졌다. 거리에서는 초면인 사람들이 나를 조롱하기도 했다. 아레나에 입장하는 모든 밤들은 홈 관중들 앞에서의 창피함이 기다리고 있는 시간이었다. 마치 덩치 큰 챔피언과 함께 링 위에 올라가 빠져나올 수 없는 것만 같았다. 하지만 인내밖에 길이 없었다. 한 해가 끝날 때 즈음에 나는 자신감을 얻게 되었다.

이와 달리 원정 관중들의 조롱은 상대적으로 큰 부담이 되지 않는다. 대부분의 관중은 상대팀에 대해서 자비롭지 않다. 경기장은 사람들의 야유와 날카로운 휘파람 소리로 가득 찬다. 그들에게 상대팀 선수들은 적이나 다름없다. 그들의 인간성은 찾기 힘들다. 심지어 리그 초기에 흑인 선수들은 계속해서 인종차별적인 발언들을 들어야만 했다. 몇몇 선수들은 경기장의 방문자들을 위한 벤치 바로 뒤에 앉아서 선수의 능력, 외모 그리고 혈통에 대해서 크고 무례한 발언을 하거나

고래고래 욕설을 내뱉는 팬들에게 화를 낸다. 어떤 선수들은 농구골대 뒤에서 관중이 일어서서 손을 흔들어 방해하려 하는 것에 동요된다. 하지만 대부분의 경우에 선수들에 대한 관중들의 이러한 적개심은 항상 있어 왔다. 고등학교와 여름 리그에서는 판정에 대한 사소한 의견 차이조차도 폭력과 소란 또는 관중의 위협적인 행동으로 이어질 수 있다. 그러한 사춘기의 전쟁을 겪고 나면, 프로 경기에서의 원정 군중들은 별것도 아닌 사소함으로 보인다.

일곱 번째 숏

리더십 | 최선을 이끌어낸다

리더십은 사람들로 하여금 당신이 없었더라면 생각하지도, 믿지도, 보지도, 하지도 않았을 일들을 하게 만드는 것을 의미한다. 그것은 알맞은 목표를 세울 비전과 그 목표를 단호하게 추구할 수 있는 결단력을 의미한다. 당신이 이끄는 사람들이 두려움을 극복할 수 있도록 격려하면서도 그들의 두려움과 불안을 인지하는 것 또한 리더십이다. 리더십은 수백 명의 사람들 앞에서 하는 연설에서 드러날 수도 있고, 단한 사람과의 대화에서도 드러날 수 있다

시카고 불스의 필 잭슨에게 있어서 프로 팀 코치로서의 리더십의 주된 역할은 선수들이 그들 자신보다 더 크게 도전할 수 있도록 하는 것이다. 가장 단순하게 말하자면, 우승이 경기의 목적이지만 그 목적을 달성하기 위해서는 코치가 눈

앞의 경기보다는 더 큰 맥락과 그림을 수시로 만들어내야 한다. 내가 뛰었던 모든 경기에서의 우승에 대한 바람은 보다 깊은 욕망을 나타내는 행동이었다. 작은 동네에 위치한 고등학교에 다닐 때에는 큰 도시에 있는 학교를 이기는 동기부여가 필요했다. 대학교에서의 도전은 주로 학생들로 이루어진 스포츠 그룹이 NCAA에 있는 최고의 선수들을 이기는 데 있었다. 프로가 된 뒤의 목적은 팀이 우월한 스타선수 없이도 NBA 타이틀을 딸 수 있음을 보여주는 것이었다. 피트 캐릴이 생각한 '리더십'이란, 그의 팀원들에게 그들이 할 수 있다는 생각보다 조금 더 많은 것을 요구하고 그렇게 함으로써 그들이 정말로 조금 더 많이 할 수 있게 하는 것이다. 이러한 이유로 프린스턴 대학 농구팀이 가끔 놀라운 경기력을 보여줄 수 있었다.

현명한 코치는 혼자 떠들지 않는다. 오히려 팀이 적절히 구성되었다고 판단하면 팀원들이 팀 내 문제가 되는 선수들을 스스로 압박하도록 내버려둔다. 불스는 1994년에 마이클 조던 없이 동부 컨퍼런스 준결승전에서 닉스를 상대로 경기하고 있었다. 막상막하였던 세 번째 경기에서의 마지막 몇 초를 남기고 잭슨 감독이 스코티 피펜이 아닌 토니 쿠코치(Toni Kukoc)에게 마지막 슈터로서 경기의 승부를 결정짓도록 요청했다. 화가 난 피펜은 스스로 경기를 뛰는 것을 거부했다. 결국 쿠코치는 득점에 성공했고 덕분에 불스는 이길 수 있었다. 하지만 피펜의 반항이 잭슨에게는 도전이나 다름없었다. 잭슨은 경기 후 인터뷰에서 피펜을 호되게 야단치지 않겠다고 말을 했지만, 라커룸에서 그는 문을 닫고 팀이 피펜에게 할 말이 있을 것 같다고 말하고 방을 나갔다. 선수 생활의 끝자락에 있던 빌 카트라이트(Bill Cartwright)는 눈물이 날 정도로 화가 나서 피펜에게 어떻게 한 해 동안 그들 모두가 팀을 위해 치룬 희생을 알면서도 팀을 실망시킬 수 있느냐고 물었고, 다른 선수들도 이에 맞장구 쳤다. 다행히도 자신의 잘못을 자각할 정도의 용기가 있었던 피펜은 그 자리에서 사과를 했다. 그 다음 경기부터는 자신의 역할에 충실히 임하여 불스의 경기에 기여를 했다. 만약 필 잭슨이 직접 피펜을 대면하고자 했다면 결과는 이와 같이 긍정적이지 않았을 수도 있다. 팀이 스스로 그런 역할을 할 수 있도록 함으로써 그는 더욱 효과적일 수 있었다.

　미디어의 이목을 끌고 싶어 하는 코치들은 스타 선수들을 자극할 때가 있고, 이는 역효과를 낳기도 한다. 뾰루퉁한 선수들은 중요한 경기에서 이길 확률이 낮다. 미디어를 이용해 선수를 비난하는 코치들 또한 그것을 후회하며 살게 된다. 레드 홀츠먼은 미디어를 다루는데 능숙한 편이었다. 그에게는 코트 위에서 일어난 일들만이 중요했다. 그는 미디어가 다른 모든 것을 배제한 채 오로지 팀의 승패만으로 성공과 실패를 판단한다는 것을 알았다. 이 통찰력은 그의 타고난 겸손함과 승리에 대한 갈망과 더불어 경기에 대해 평가하는 태도를 다르게 했다. 화제가 되기에는 좀 부족한 경기가 끝난 후, 그는 선수를 비난하지 않으면서 오로지 핵심 가치들을 강조하는 뻔한 말들만을 했다. 선수들은 재능이 있고, 수비가 핵심이며 팀워크가 완벽했고, 우승 외에는 받아들여질 수 없다는 그런 말들로 인터뷰는 끝났다. 레드는 경기에 대한 모든 비판을 라커룸 내로 한정지었다.

리더십이 있는 코치들은 선수들에게 무엇을 해야 되는지를 명확히 전달한다. 마치 군대 훈련과도 유사하다. 특공작전은 각각의 대원이 할 일이 있고 어떻게 해야 하는지 정확히 알기 때문에 성공한다. 농구에서도 이것이 적용된다. 하지만 많은 코치들은 선수에게 도를 넘었거나 무리한 공격을 지시해 선수들을 힘들게 한다. 프린스턴의 브레다 콜프처럼 자유분방한 코치나 행크 이바처럼 엄격한 코치가 될지는 자유다. 하지만 모든 상황에서 선수들은 코치의 요구를 정확히 알 수 있어야 한다. 준비를 충분히 했다면 경기 내의 어떤 사건도 선수를 당황하게 만들지 않는다. 나는 상대가 전면 압박 수비를 시도할 때조차도 당황하지 않는 팀을 보고 싶다. 그런 준비성은 각각의 선수가 자신의 역할을 알고 상대 팀의 압박을 벗어나기 위해 무엇을 해야 되는지 알 때 가능하다. 상대팀의 압박을 정확한 패스와 인터셉트로 파고드는 것은 슛을 넣기 쉽게 만든다. 이것이 반복되면 압박을 가하던 팀은 스스로 물러서게 된다.

준비를 통해 성취한 리더십의 또 다른 예는 마지막 순간의 슛이 준비되어 있게 만드는 것이다. 1998년 NCAA 토너먼트에서 발파라이소 대학은 미시시피 대학을 2점 차로 따라잡았고 공은 반대편 코트의 선 밖으로 나갔다. 발파라이소 대학의 제이미 사이커스(Jamie Sykes)는 중요한 순간에 팀원인 빌 젠킨스(Bill Jenkins)에게 롱패스를 던졌다. 젠킨스는 뛰어올라서 허공에 있는 공을 잡았다. 그는 곁눈질조차 하지 않고 왼편에 있는 브라이스 드류(Bryce Drew)에게 가볍게 공을 던졌다. 드류는 3점 라인 밖에서 골을 넣었다. 이는 발파라이소 대학팀에게 승리를 가져다주었다. 그 후에 코치와 선수들은 시즌 내내 연습한 그 특정 플레이를 그 해의 가장 중요한 경기에서 마침내 사용하게 되었다고 밝혔다.

전술이 모든 것은 아니다. 가끔은 코치가 개인적인 차원에서 리더십을 발휘해야 되기도 한다. 1982년 NCAA 챔피언십을 위해서 조지타운 대학은 노스 캐롤라이나 대학과 경기를 했다. 이 경기는 그해 NCAA에서 가장 훌륭한 두 선수들인 조지타운의 패트릭 유잉과 노스 캐롤라이나의 제임스 워디가 뛰는 경기였다. 동시에 두 명의 훌륭한 코치인 노스 캐롤라이나의 딤 스미스(Deam Smith)와 조지타운의 존 톰슨(John Thompson) 사이의 경기이기도 했다. 고된 격전 끝에 경기는 신인 마이클 조던의 점프슛으로 18초를 남긴 상황에서 노스 캐롤라이나가 1점을 앞서고 있었다. 조지타운은 승리의 골을 넣을 시간이 충분한 상황에서 공을 잡았다. 그러나 경기에서 가장 결정적인 순간에 어떤 이유에서인지 사건이 발생했다. 조지타운의 수비수인 프레드 브라운(Fred Brown)이 제임스 워디를 팀원으로 착각해서 패스를 해버린 것이다. 선수권 대회를 향한 조지타운의 꿈은 무산되었다. 팀은 좌절감을 맛봐야만 했고, 팬들은 충격에 빠졌다. 모든 이의 눈이 브라운을 향했다. 그는 평생 동안 그를 쫓아다닐 크나큰 실수를 한 것이다. 이를 정확히 이해한 톰슨은 본인의 실망감을 뒤로한 채 젊은 선수를 힘껏 안아주었다. 이것은 내가 코트 위에서 본 가장 감동적인 장면 중 하나였다. 그것은 톰슨과 선수들 간의 관계, 그가 중요시하는 가치, 그리고 그의 리더로서의 적합성에 대해 많은 점을 시사했다. CBS의 저명한 농구 방송진행자이자 전 웨이크 포레스트 대학의 스타 선수였던 빌리 패커(Billy Packer)는 미시건 대학의 선수 로버트 트렉트 테일러(Robert 'Tractor' Traylor)가 1997~1998시즌에 브리그험 영 대학에서 미시간 대학으로 이적한 동료 로비 레이드(Robbie Reid)가 빅 텐 콘퍼런스 경기(Big Ten Conference game)에서 마지막 순간의 슛을 실패했을 때 보여준 리더십과 비슷하다고 회상하며 말했다. 그 실패는 레이드가 미시간 대학에서 보냈던 시간을 상징적으로 보여주는 듯했다. 그것은 큰 실패였다. 그러나 트레일러는 그를 얕보는 대신 자신의 136킬로그램의 몸무게를 모두 실어 낙담한 동료를 안아주고 적절한 격려의 말을 해주었다. 이후 레이드는 남은 경기를 돋보이게 잘해냈다. 결국 테일러와 함께 레이드는 미시간 대학 팀을 빅 텐 포스트 시즌 토너먼트(Big Ten postseason tournament)에서 승리로 이끄는데 핵심적인 원동력이 되었다.

1998년에 NCAA 결승을 보면서 최고의 선수들이 아닌 최고로 잘 맞는 선수들이 코트 위에 있는 것처럼 느껴졌다. 다시 말해서 국내 최고의 팀들이 경기를 하고 있는 듯 했다. 경기를 보다보면 이따금씩 철새가 V자 대형에서 계속 자리를 바꿔가는 행동처럼 리더십이 순환하는 것을 볼 수 있다. 캔터키 대학을 상대로 한 스탠포드 대학의 준결승전에서는 각기 다른 중요한 순간마다 각기 다른 선수들이 활약을 했다. 마지막 순간에 3명의 선수들, 어서 리(Arthur Lee), 피터 사우어(Peter Sauer) 그리고 라이언 멘데즈(Ryan Mendez)는 3점 슛을 성공했으며, 나머지 두 선수는 중요한 리바운드를 득점으로 연결 지었다. 마이크 몽고메리(Mike Montgomery) 코치의 팀 선수들은 모두 훌륭한 수비를 보여주었다. 비록 스텐포드가 졌지만 각각의 선수들은 최선을 다했다. 캔터키는 유타와 결승전을 치렀는데, 경기는 비슷한 흐름으로 흘러갔다. 각 팀의 선수들이 경기 중에 각자 자신만의 시간에 저마다의 방법으로 팀의 순간순간을 빛냈다. 어느 순간엔가 캔터키의 헤시무 에반스(Heshimu Evans)가 교체 선수로 투입됐다. 그는 곧바로 V자 대형의 선두 자리로 나아가더니 결국 캔터키가 승리하는 데 크게 기여했다. 농구에서 이런 광범위한 리더십을 보고 난 뒤에는 어떤 조직도 책임을 떠맡을 수 있는 기회를 주는 가치를 깨달을 수 있게 된다. 우리는 모두에게 위기 상황임에도 불구하고, 아니 어쩌면 위기 상황에서 더욱 발전할 수 있는 가능성을 지니고 있음을 배운다.

스스로의 자신감을 통해 경기를 이끌어나가는 선수들도

있다. 딘 스미스는 감정적인 측면에서 리더십을 발휘하는 선수가 팀에서 가장 훌륭한 기량을 가진 선수이기보다는 팀 내에서 가장 존경받는 선수인 경우가 많다는 점을 언급했다. 따라서 아이재아 토마스(Isaiah Thomas), 래리 버드 또는 비할 데가 없는 마이클 조던과 같이 팀의 에이스가 동시에 가장 존경받는 선수일 때는 전혀 다른 역학 구조를 갖게 된다. 이와 같은 경우에는 에이스가 경기에 누구보다 더 많이 직접적인 기여를 함과 동시에, 동료 선수들이 스스로를 뛰어넘는 자극을 주면서 팀을 이끌어나갈 수도 있기 때문이다. 역대 최고의 NBA 스타 중 하나인 오스카 로버트슨이 한번은 나에게 최고의 선수는 팀 내 최악의 선수를 훌륭한 선수로 바꿀 수 있는 선수라고 말한 적도 있었다.

* * *

스포츠는 목표와 오락의 대상으로서 많은 사람들의 인생에서 중요한 부분을 차지하고 있다. 스포츠는 인생이 어떻게 움직이는지와 어떤 것이 적절한 행동인지에 대한 사고방식과 가치관을 형성하는데 도움을 줌으로써 사람들에게 여러 방면에서 영향을 미친다. 프로 야구와 농구가 1940년대 후반과

1950년대 초반에 인종 차별 폐지를 결정했을 때 그것은 단순히 스포츠계를 넘어 사회 전반에 폭넓게 영향을 미쳤다. 당연하게 여겨지던 인종 간 분리가 수백만 명의 미국인들에게 이상과 맞지 않다는 도전을 받기 시작하자, 어린이들은 부모에게 질문을 쏟아부었다. 어른들은 점차 옛날의 방식이 불합리하다는 사실을 깨우쳐갔다. 불가능해 보였던 것이 가능해지기 시작했다. 스포츠계에서 인종 차별을 폐지할 수 있다면 미국 사회 전반에서도 그것이 가능하지 못할 이유가 무엇인가?

인종 차별과 관련된 이야기 속의 영웅들은 잘 알려져 있다. 브루클린 다저스의 브랜츠 리키(Branch Rickey), 클리블랜드 인디언스의 빌 비크(BIll Veeck), 뉴욕 닉스의 네드 아이리쉬. 이들은 모두 미래를 본 경영인들이었다. 그들이 선택한 재키 로빈슨(Jackie Robinson), 래리 도비(Larry Doby) 그리고 냇 크립튼(Nat "Sweetwater" Clifton)과 같은 흑인 선수들은 차별을 경험함으로써 인종 편견의 부당함과 거짓을 널리 알렸다.

상대적으로 잘 알려지지 않은 것으로, 선수들 사이에서 해결되어야 했던 갈등들도 있다. 리키가 재키 로빈슨의 다저스 합류를 발표했을 때, 순응을 중시하고 변화를 거부하던 클럽하우스의 선수들 사이에 빠른 속도로 긴장감이 조성되었다. 몇몇의 선수들은 로빈슨과 경기하는 것을 거부하는 내용의 탄원서를 작성했다. 리키의 꿈은 무너지기 직전인 것처럼 보였다. 대부분의 선수들이 사인한 가운데 사인하지 않은 유일한 예외는 팀의 주장이자 유격수였던 피 위 리즈(Pee Wee Reese)였다. 백인에 캔터키 사람이었던 리즈는 팬들이 로빈슨에게 흑인이라는 이유만으로 야유를 퍼부었을 때 로빈슨의 어깨에 손을 올림으로써 자신의 생각을 밝혀 자신의 팀은 물론 전국에 영향을 미쳤다.

1972년에 9개조의 〈타이틀 Ⅸ〉(남녀가 평등하게 교육받는다는 법안으로 특히 스포츠 분야에서 영향력이 컸다)로 훨씬 전향적인 혁명이 시작되었다. 이는 고등학교와 대학교가 여성들에게 남성들과 동등한 운동 시설을 제공하도록 요구한 것이었다. 1997년에서 1998년 즈음에 여성 농구는 본격적으로 대중의 인정을 받기 시작했다. NCAA 챔피언인 테네시 대학의 레이디 볼스는 모든 홈 경기에서 평균 14,000명 이상의 관중을 기록하기도 했다. 15만 명도 안되는 작은 마을 스프링필드에 위치한 미주리 대학의 경기에는 평균적으로 8,000명 가까이의 관중이 함께했다. 1980년대에 캐롤 블라즈웨스키(Carol Blazejowski), 낸시 리버맨(Nancy Lieberman), 세일 밀러(Cheryl Miller), 테레사 에드워드(Teresa Edwards) 그리고 앤 메이어스(Ann Meyers)와 같은 선수들은 그들이 세계 최상급의 선수들이라는 것을 분명히 보여줬지만 막상 대학을 졸업한 뒤에는 경기할 수 있는 곳이 많지 않았다. 그러다 1997년대에 여자 프로 농구 리그가 생겼다. WNBA와 ABL은 많은 관심을 받았고, 두 리그는 모두 텔레비전으로 방송되었다. 레베카 로보(Rebecca Lobo), 리자 리슬(Lisa Leslie), 신시아 쿠퍼(Cynthia Cooper)와 같은 선수들은 스타가 되었다. 광고주들은 뛰어난 선수들을 신발, 차, 신용 카드 광고 등에 등장시키기 시작했다. WNBA 선수 자밀라 와이드먼(Jamila Wideman)은 나이키 웹사이트에 등장하기도 했다. 길고 힘든 싸움이었지만 여성 농구 선수들은 드디어 존중과 인정을 받을 수 있게 되었다.

여러 가지 리더십들이 여성 농구를 현재까지의 위치에 올려놓는데 크게 기여했다. 임마큘라타 대학, 올드 도미니언 대학, 루이지애나 대학과 같이 초기의 여성 농구의 발전에 큰 기여를 한 작은 대학들도 있었다. 테네시 대학의 팻 슈미트, 일리노이 대학의 테레사 그랜츠(Theresa Grentz), 스탠포드의 테라 반더버(Tara VanDerveer) 그리고 코네티컷 대학의 지노 아리마(Geno Auriemma)와 같이 경기를 사랑하고 경기가 가르쳐주는 가치들은 성별을 가리지 않으며 여성 농구 경기가 남자 농구 경기만큼 흥미진진하다고 믿은 코치들도 있었다. 〈타이틀 IX〉을 기회 삼아 체육 공간과 운동장, 역기실을 개방한 고교와 대학의 운동부 이사들도 있었다. 심지어는 리그 마케팅의 원동력을 WNBA에 두기로 결정한 NBA 위원인 데이비드 스턴(David Stern)도 빼놓을 수 없다. 하지만 그중에서도 가장 효과적이었던 것은 바로 여성들에게의 스포츠 개방이라는 새로운 상식을 받아들이고 그들의 딸들이 아들들과 마찬가지로 경기를 경험하기를 원했던 미국 전역의 부모들이었다.

농구에서의 위대한 리더들은 변화를 두려워 한 적이 없었다. 그들은 자신들만의 신념에서 비롯한 힘으로 팀을 이끌었다. 그리고 무엇보다도 그들이 이끄는 사람들에게서 최고의 것을 이끌어 냈다.

여덟 번째 슛

책임감 ┃ 예외는 없다

연습 첫 날은 오프시즌 중에 체력 단련에 진지하게 임한 선수가 누구였는지를 여실히 보여준다. 농구에서는 뛰지 못한다면 경기도 할 수 없다. 첫 연습 전 두 달간 뛰지 않았다는 것은 팀에 대한 책임감을 다 하지 않은 것이나 다름없다. 레드 홀츠먼은 닉스 팀원들이 모두 어른이고, 몸 쓰는 일을 통해 돈을 번다는 원칙을 인지하고 있다. 컨디션 조절을 제대로 못한다면 본인에게만이 아니라 팀 전체에 해를 끼친다는 사실을 알고 있도록 했다. 또한 "그런 상태에서는 경기에 출전할 생각조차 하지 마라"는 경고도 덧붙였다. 컨디션을 조절하는 일은 개인에게 달려있다. 이따금씩 누군가가 훈련캠프에 안 좋은 몸 상태로 나타나곤 했다. 그에 대한 우리의 반응은 마치 피 냄새를 맡은 상어의 대응과도 같았다. 우리는 그

느림보가 뜻을 알아차릴 때까지 그의 주변을 빙빙 돌았다.

NBA에 남고 싶어 하는 선수라면 자신의 상태에 각별히 신경 써야 한다. 칼 말론은 보통 선수들이 은퇴하는 나이를 아득히 지나고서도 경기에 참여하고 싶어 했다. 이를 위해 그는 1년 내내 운동을 했다. 그는 거의 매일같이 웨이트 트레이닝을 하고 러닝머신 위를 달리고 스트레칭을 한다. 데니스 로드먼은 자신의 몸 상태에 자부심을 가지고 있는 또 다른 선수 중 하나이다. 그는 마치 단거리 주자처럼 경기장을 힘차게 달리면서 자신의 컨디션을 과시한다. 탄탄한 몸에서 나오는 에너지는 리바운더로서의 끈기를 보여준다.

몇몇 젊은 선수들은 자신들이 천하무적이고 심지어는 만고불멸하다 생각한다. 그래서 마약, 알코올 등으로 자신의 몸을 해친다. 반면에 대부분의 프로 선수들은 자신에게 주어진 시간의 소중함을 안다. 프라이저는 밍크 코트를 입고, 챙 넓은 모자를 쓰고, 호화스러운 차를 타고 아름다운 여자들과 다니는 이미지로 대중들에게 알려져 있다. 이 이미지는 실제와 얼추 비슷한 편이지만, 그럼에도 그는 닉스 팀에 있는 그 누구보다 좋은 컨디션을 유지하고 있었다. 프라이저도 1년 내내 운동을 했다. 건강식이 유행하기 전부터 건강식을 즐겨 먹었고, 항상 충분한 휴식을 취했다. 외모에 대한 집착과 코트 위에서 절대 부끄러운 일이 없도록 하겠다는 의지, 그리고 아무도 다다르지 못할 수준의 경기를 보여주겠다는 바람은 모두 그의 몸이 마치 잘 기름칠된 기계처럼 작동하는데 크게 기여하였다.

대부분의 선수들이 프로가 될 때 즈음이면, 그들은 이미 백만 번도 더 농구공을 던져봤을 것이다. 그리고 그들은 백만 번은 더 던져야 자신의 자리를 지킬 수 있다는 것을 잘 안다. 인디애나 페이서스의 크리스 멀린(Chris Mullin)은 그에게 공을 주는 두 명의 조수들과 함께 한 시간의 연습 동안 규칙적으로 천 번의 슛을 날린다. 1984년, 래리 버드는 리그 MVP이자 세계 챔피언이었던 보스턴 셀틱스의 주장이었다. 축하를 마친 후 얼마 되지 않아 그는 곧장 인디애나 주의 프랜치 릭에 있는 집으로 돌아갔다. 여름 내내 그는 아침에 웨이트 트레이닝을 하고 오후에는 혼자서 체육관에 가서 몇 시간씩이나 슛을 하곤 했다. 매직 존슨은 "대부분의 선수들에게 농구는 직업이지만 래리에게 농구란 삶입니다"라고 말하기도 했다. 이 말은 존슨 본인이나 릭 베리, 제리 웨스트, 네이트 아치발드(Nate Archibald), 조지 거빈(George Gervin), 데이브 코웬스(Dave Cowens), 조지 마이칸(George Mikan)에게도 마찬가지이다.

허비 브라운(Hubbie Brown)은 1972년에 보조 코치가 됐다. 당시 팀의 센터는 카림 압둘자바(Kareem Abdul-Jabbar)였다. 코칭 스태프에게 자신의 성실함을 보여주기를 간절히 원했던 브라운은 훈련 캠프 첫 날 연습 시작 시간 1시간 반 전에 연습 장소에 도착했다. 놀랍게도 카림은 최근 두 시즌 동안 리그 MVP이었음에도 불구하고, 이미 와서 스카이 훅슛을 연습하고 있었다. 그는 박자를 맞추며 농구 골대를 흘끗 보고, 왼쪽 발부터 움직여 공을 부드럽게 잡은 뒤, 오른발을 들어 올리고 오른팔을 높이 휘두르면서 릴리스포인트를 다듬고 있었다. 마치 고등학교 2학년에서야 볼법한 시간과 정성을 들여 연습을 했다. 카림에게 실력 양성을 위한 노력은 그저 챔피언으로서 당연한 모습 중 하나였다. 림 안에 리바운드 트레이너를 설치해 좁아진 슈팅 공간에 슛을 던져 슈팅 실력을 다듬는 것이 그의 일상이었다. 그렇게 30일 간 훈련한 뒤에 리바운드 트레이너를 없애자 그는 마치 드넓은 바다에 공을 던지는 것 같다고 말했다.

당연해 보일 수도 있지만, 팀 내의 규칙을 준수하는 것도 책임에 포함된다. 혼란스러운 환경에서 자란 아이들은 시간에 대한 개념이 부족할 때가 종종 있다. 그들에게는 연습에 시간 맞춰 오는 것이 상당한 노력을 요하는 임무이다. 시간 엄수의 중요성을 이해한 코치들은 젊은 선수들에게 질서를 가르쳐준다. 레드 홀츠먼의 팀은 적은 수였지만 엄격한 규율을 가지고 있었다. 규칙에 관해서라면 그는 '어떤 변명도 통하지 않는다'는 강경한 태도였다. 주어진 시간 내에 타지 않으면 버스는 기다리지 않고 출발했으며, 비행기를 놓친다면 스스로 돈을 지불해 와야 했다. 연습에 단 2분이라도 늦으면 벌금을 물어야 했다. 결과적으로 선수들 모두는 항상 일찍 도착했다. 어찌해볼 수 없는 상황이 발생해서 늦었다고 해도, 아무런 동정도 신용도 얻지 못했다. 홀츠먼은, "그래, 빌. 친척 어른께서 응급한 일이 있는데 네 사촌이 해결을 못해서 연락을 했겠지. 게다가 비까지 와서 도로가 미끄럽고 다리는 또 지진으로 망가졌겠지. 그래도 벌금은 내는 거야"라고 말했다. 그는 미소를 지었고 나는 벌금을 냈다.

훈련하기, 기술 연마하기, 규칙 따르기는 거의 모든 선수들에게 당연하게 여겨진다. 그러나 팀에 대한 선수의 책임감은 그만큼 알아채기 쉬운 내용이 아니었다. 어떤 선수도 자신이 원하는 만큼의 득점, 드리블, 리바운드 그리고 패스를 훌륭하게 해낼 수는 없다. 감독은 각자에게 자신의 역할을 정확히 명시해줄 수는 있지만 결국에 최종적으로 이를 충족하는 것은 본인만이 할 수 있다. 경기 전략에 자신의 재능을 맞춰

야 한다.

팀의 이익을 위해 코트 위에서 자신이 하고 싶은 것을 희생해야 하는 경우가 자주 발생한다. 20득점을 하지만 경기를 지는 것보다는 12득점만 하지만 제 역할을 충실히 하여 경기를 이기는 것이 낫다. 선수가 20점을 낸다는 것은 자칫 팀의 균형에 변화를 일으켜 승리할 가능성을 낮출 수도 있다.

대학에 있을 때, 나는 코트 위에서 득점을 하고 팀의 움직임을 이끌어내려는 창의적인 충동에 따라 하고 싶은 것들을 했다. 하지만 프로의 세계에서는 한정된 역할을 하는 데에 적응해야 했다. 나의 일은 오픈 슛을 던지고, 공 없이 움직이고, 공을 상대편 코트로 빠르게 밀고 올라가고, 수비가 붙어있지 않은 선수에게 공을 패스하고, 상대가 리바운드 공을 잡는 것을 막고, 끊임없이 그를 방해하고, 혹시 팀원이 각자의 상대를 잃었을 때 도와주는 그런 역할이었다.

새츠 샌더스(Satch Sanders)는 1960년대 보스턴 셀틱스에서의 그의 역할은 득점이 아니라 철벽같은 수비를 하고 리바운드를 돕는 일임을 깨달았다. 1977년 NBA 챔피언 포틀랜드의 밥 그로스(Bob Gross)는 자신의 역할은 빌 월튼이 자신에게 공을 패스하기 위한 통로를 만들어주기 위해 공 없이 움직이고, 가드들과 월튼에게 패스하고, 그의 팀원인 마우리스 루카스(Maurice Lucas)와 리오넬 홀린스(Lionel Hollins)가 자유롭게 이동할 수 있게끔 상대편 공격과 수비에 맞서 스크린 플레이하기 등이었다는 것을 알고 있었다. 유타 재즈의 제프 호나섹(Jeff Hornacek)도 이와 비슷한 역할을 했다. 몸싸움을 하기 위해 포워드 앞으로 몸을 던지고, 팀원이 쉽게 이동할 수 있게끔 상대선수의 진로를 막고, 슛을 위해 상대 수비가 없는 지점으로 이동했다. 아마 샌더스도, 그로스도, 호나섹도 명예의 전당에 오르지는 못하겠지만, 셋 모두가 각자의 역할에 맞는 책임을 졌다. 때문에 그들은 팀의 우승에 반드시 필요했다.

각 선수들은 코트 밖에서 선수들 간의 인간관계에도 기여한다. 그리고 그 결과는 성공하는데 있어 핵심적인 역할을 한다. 모든 팀에는 농담과 질투 섞인 말들, 서열과 책임감이 존재하지만 선수들 간의 성격은 미묘하게 균형을 이루고 있다. 닉스에서 윌리스 리드는 보스이자 리더였다. 그는 게임을 하는 동안에는 수호자 역할을 했다. 연습 동안에는 지도자 역할을 했는데 모든 사람들이 이를 알고 있었다. 드뷔셰는 또 다른 중요한 힘의 원천이었다. 나머지 사람들은 윌리스와 드뷔셰가 만들어놓은 팀의 구조 안에서 움직였다. 재능과 성격의 균형이 맞았던 것이다. 예를 들어 딕 바넷(Dick Barnett)은 우스꽝스러운 관찰자였다. 뉴스에 나오는 선수들과 유명 인사들의 모습을 보면서 "사실 저 사람은 별 거 아니다"라고 흉내를 내며 웃음을 주었다. 또한 얼 먼로(Earl Monroe)는 팀원들의 고충을 기꺼이 들어주는 마음과 조용한 위엄에서 나오는 에너지로 팀원들에게 안정감을 주었다. 제리 루카스는 그의 엄청난 기억력을 활용해 1년 동안 진행됐던 포커게임의 누적된 점수들을 계산하고, 그 해에 누가 누구에게 빚을 졌는지를 표로 만들어 팀원들 사이에 돈 문제가 발생하지 않도록 도왔다. 때때로 나의 역할은 흑인 선수에 대한 분노가 남아있는 몇몇 백인 신예선수들을 한 쪽으로 데려가 "닉스에서는 그런 식의 행동을 용납하지 않는다"고 말해주는 것이었다.

죽이 잘 맞는 팀의 선수들은 서로를 직접 도와준다. 그들이 사적인 이야기를 모두 나눌 필요는 없지만, 한 팀원이 심리적으로 위축되어 있을 때 다른 팀원은 그를 북돋아 주어야 한다. 반면 자신에게만 몰두하는 이기주의자로 구성된 팀에서는 내부에서의 경쟁이 끊이지 않는다.

체임벌린이 1968년에 LA의 선수가 되었을 때, 엘진 베일러는 경기장 밖에서의 소통의 지도자나 다름없었다. 버스에서 별명들을 지어주고 농담을 하는 역할은 항상 베일러가 맡았기 때문이다. 체임벌린은 농구 자체에서 우수한 기록을 내는 것뿐만이 아니라 재치 있는 말재주도 뽐내고 싶어 했기 때문에 그의 입단은 베일러에게 일종의 도전으로 보였다. 즐거워야 할 상황에서도, 체임벌린과 베일러는 결국 다투고 말았다. 총책임자라고 해서 경기장 밖에서의 역할까지는 정할 수 없었기 때문에 그들은 그냥 그렇게 다투었다.

1982년에 가장 인정받는 프로선수 중 하나였던 모제스 말론(Moses Malone)이 필라델피아에 입단했다. 그는 두 번씩이나 NBA MVP로 선정되었다. 언론은 그가 필라델피아 팀에 입단함으로써 줄리어스 어빙이 처음으로 챔피언십을 받을 수도 있을 것이라고 추측했다. 물론 그런 기대와 추측은 전적으로 새로운 팀원들이 서로 잘 맞는지에 달려 있는 일이었다.

어빙의 필라델피아는 1977년에 NBA 타이틀을 따기에 좋은 기회가 있었지만, 포틀랜드와의 결승에서 팀 내부의 균형이 무너지면서 지고 말았다. 그가 공을 패스하고 싶었을 때 아무도 공을 받으려고 하지 않았다. 반대로 공 없이 이동할 때는 아무도 그에게 패스를 해주지 않았다. 선수들은 마치 서로 건드리지 않기로 계약이라도 한 평행세계에 있는 사람들인 것처럼 경기를 하였다. 나는 문제의 핵심은 조지 맥기니스(George McGinnis)와 어빙 사이의 뚜렷한 갈등관계에 있다고 생각했다. 상당한 고득점자인 맥기니스는 어빙과 동등한 보수를 받고 경기를 뛰기를 원했다. 경기장 밖에서의 문제는 경기장 내의 문제로 이어졌다. 그때 나는 모제스의 입단이 그 당시의 상황을 재연할까봐 걱정이 되었다. 그러나 모제스는 오프닝 기자 회견에서 팀은 어빙의 팀이며, 자신은 어빙이 그의 첫 번째 타이틀을 따게 도와주겠다고 이야기했다. 빌리 커닝햄(Billy Cunningham) 코치와 팻 윌리엄스 단장은 안도감을 느꼈다. 그는 시즌 내내 이기적이지 않으면서 온 열정을 다했다. 가차 없이 리바운드를 했으며, 팀이 그동안 잃어버렸던 요소를 추가해줌으로써 필라델피아가 챔피언에 등극하는 데 큰 도움을 주었다.

* * *

개인의 책임감에서 상대적으로 소홀히 취급되는 것은 정신의 준비이다. 선수들은 이에 대해서는 각자마다 다른 접근법을 가지고 있다. 몇몇에게 경기 시작 전 의례는 매일같이 똑같은 시간 동안 슛을 하고, 똑같은 식사를 하고, 똑같은 음악을 듣고, 똑같은 사람들과 전화를 한다. 또 어떤 선수들은 경기 시작 불과 한 시간 전에 몸을 깨운다. 그 시간 안에 발목을 테이핑하고, 유니폼을 입고, 스트레칭을 해 빠른 속도로 집중력을 끌어올린다.

그렇게 집중하는 이유는 가장 좋은 성과를 만들 수 있도록 몸을 자극하기 위함이다. 빌 러셀은 경기 준비를 너무 과하게 해서 거의 모든 경기 직전마다 구토를 하곤 했었다. 고등학교나 대학교 선수들에게 "게임에 준비되지 않은 것"에 대한 핑계는 없다. 그들은 한 해에 일정한 수의 경기를 하고, 경기를 할 수 있는 햇수에는 끝이 있다. 프로계에서는 한 해에 백 개가 넘는 경기가 진행되기에, 모든 경기에 참가하기가 더욱 어렵다. 부상이 발생하고, 피로는 기대를 줄이며, 상대의 실력은 매번 다르다. 승리의 가장 필수적인 요소는 늘어진 분위기를 띄워줄 팀원이 항상 있는 사실이다. 좋은 팀에서는 누군가가 꼭 나선다. 그렇게 해서 팀이 계속 승리한다. 만약 정신적 노력 부족으로 진다면, 자신 밖에는 원망할 사람이 없다.

아홉 번째 슛

회복력 | 승리와 재앙의 만남

농구는 다양한 형태로 찾아오는 역경을 다루는 법을 배우는 실험실이다. 역경은 우리에게 부상, 승리 같이 두드러지는 형태로 올 수도 있다. 또는 관중의 무시, 상대팀의 계속되는 리드 같이 두드러지지 않는 형태로 다가올 수도 있다. 역경은 다양한 경험을 하게 해주지만, 오히려 승리는 잠재적인 위험 요소를 지닌다. 영국의 작가 러디어드 키플링(Rudyard Kipling)은 승리와 재앙을 만나면 이 두 가지를 그냥 동일한 것처럼 다루라고 이야기한다. 하지만 불행하게도 우리 대부분은 그렇게 하지 못한다. 우리는 패배하면 스스로 무너지고, 승리하면 지나치게 의기양양해진다.

나 역시 패배를 다루는 법을 배우는 것이 쉽지는 않았다. 고등학생 때부터 경기에서 지면 '좀 더 잘할 수 있었을 텐데'

라고 스스로 자책하면서 계속 패배한 것만 생각하곤 했다. 종종 너무 가혹하게 경기를 재연하는 바람에 잠자는 데 방해가 되기도 했다. 며칠이 지나도록 상실감이 안개처럼 남아있었다. 다른 사람들은 경기에 대한 분석을 해주었고, 코치는 자신만의 해석과 권고를 제안하였다. 하지만 내가 패배를 완전히 잊기 위해서는 며칠에 걸친 연습과 다른 경기에서의 가능성과 전망이 필요했다.

이와 같은 상황은 NBA에서 2년을 보낼 때까지 계속해서 반복됐다. 나는 닉스의 포워드로서 선발 선수가 된 지 얼마 안됐고, 필라델피아가 전면 압박 수비를 하는 동안 내가 패스를 잘못한 바람에 아쉽게 지고 말았다. 경기가 끝나고 나는 낙담해 있었다. 경력 있는 프로 선수였던 드뷔셰는 나와 호텔 방을 같이 썼는데, 돌아오자마자 나를 바로 잡아줬다. "이런 식으로 한 시즌을 보낼 수는 없어. 경기 수가 매우 많단 말이야. 그래, 네가 오늘 잘못한 것은 사실이야. 하지만 이미 끝난 일이야. 끝났다고. 그냥 흘려보내. 안 그럼 내일 경기할 준비가 안 될 거야." 그 조그만 조언은 내 태도를 완전히 변화시켰다. 아무리 잘하는 프로 팀들마저도 1년에 20번은 진다. 나는 과거에 연연할수록 미래가 개선될 여지는 적어진다는 것을 깨달았다.

승리는 매우 교묘한 사기꾼이다. 승리가 노력을 통해 얻어야 하는 값진 것이라 생각하지 않고 항상 옆에 있는 것으로 여기는 순간 문제가 된다. 줄리어스 어빙은 실패 후에 집중력을 유지하는 것은 쉽다고 했다. 실제로 그렇다. 실수를 만회하고자 하는 의지는 오히려 각성하는데 큰 도움이 될 수도 있다. 집중이 흐트러지는 것은 오히려 훌륭한 플레이를 보여준 후가 대부분이다. 왜냐하면 "자신이 한 일에 머무르고자 하는 강한 유혹"이 존재하기 때문이다. 자신을 축하해주고 날 때쯤이면 상대는 이미 세 골은 넣었을 것이다.

승리의 궁극적인 위협은 그 자리까지 어떻게 갔는지를 잊는 것이다. NBA 팀 중 연속으로 우승하는 팀은 거의 없다. 빌 러셀의 말과 같이 최고의 자리를 지키는 것이 최고가 되는 것보다 어렵다. 그 최고의 위치 어딘가에 있는 대부분의 팀들은 다음 챔피언 시즌을 위해 그들 스스로를 준비하는데 실패한다. 우승하고 싶은 욕망이 줄어드는 정신적인 측면에서의 잘못일 수도 있고, 과체중이 되거나 훈련을 덜 하는 육체적인 잘못일 수도 있다. 이따금씩은 선수들 간의 질투와 시기가 팀의 통합을 저해하기도 한다.

승리와 패배 후에 다시 원래대로 돌아가는 데에는 자기 자신을 올바르게 인식하고 이해하는 자세가 필요하다. 게임

스타일을 조절하는 것은 때때로 현명한 일이지만, 계속되는 패배에서 벗어나기 위해 게임에 대한 믿음까지 변경하는 것은 결코 긍정적인 효과로 이어지지 않는다. 필 잭슨은 거의 날마다 칠판에 공격하는데 있어 지켜야 할 원칙들에 대해 정리해놓곤 했다. 그것은 "적절한 간격을 유지해라, 수비를 뚫어라, 선수와 공이 목적에 맞게 움직일 수 있도록 해라, 숫을 넣는 매 순간에 견고한 리바운딩 포지션과 방어적인 균형을 유지해라" 등이었다. 하지만 이러한 원칙을 향한 코치의 비판이 실패한 선수에 대한 인격모독으로 이어지지 않도록 했다. 각 선수들의 성과는 팀의 임무와 비교해서만 측정되도록 해주었다. 만약 당신의 경기가 이러한 방향대로 흘러간다면, 게임은 더욱 일관성을 가질 수 있다. 그러지 않는다면, 당신은 그저 친구들과 비평적인 스포츠 기자들이 당신의 경기에 대해 그들 나름대로 내놓는 분석에 반응하는 것밖에는 되지 않는다. 언론에서의 칭찬을 한 귀로 듣고 한 귀로 흘려보내는 것도 좋은 생각이지만, 더 나아가 그들의 비판을 듣고 그것이 가치 있는지 아닌지를 결정하는 것 또한 현명한 방법이다. 가치 있는 비판이 아니라면 칭찬과 마찬가지로 한 귀로 흘려버리는 것이 좋다.

또한 경기 내에서는 회복력이 매우 중요해진다. 대부분의 경기에서는 좋고 나쁜 순간들이 있다. 그 흐름은 피해갈 수 없다. 그럼에도 몇몇 선수들과 팀들은 실패의 순간에서 빠져 나오지 못한다. 경기 중에 팀이 몇 차례 바보 같은 플레이를 하거나 실수를 하면 상황은 금세 안 좋아진다. 팀 동료들은 서로를 노려보기 시작한다. 심한 경우에는 험담이 오고가기도 한다. 4쿼터가 끝나갈 때쯤이면 선수들은 이미 게임이 끝난 후 내놓을 변명들에 대해 고민하고 있다. 패배를 피할 수 없다. 이렇듯 팀의 일이 잘 풀리지 않을 때 아무도 팀의 분위기를 바꾸기 위해 나서지 않는다면, 상황은 더욱 심각해진다.

역전승만큼 팀의 사기를 돋우는 것은 없다. 역전승은 팀 회복력의 중심이 된다. 1972년, 닉스는 밀워키보다 19점이나 뒤쳐지고 있었고 경기는 6분밖에 남지 않은 상황이었다. 그럼에도 우리는 승리했다. 그들의 공격을 모두 막으면서 몇 번 슛을 성공하자 매디슨 스퀘어 가든의 관중들은 웅성거리기 시작했다. 몇 번 공을 뺏어 추가골로 연결시키자 점수 차는 8점으로 좁혀졌다. 어느새 웅성거림은 함성으로 바뀌어 있었다. 우리가 2점 차이까지 따라잡았을 즈음에는 함성으로 귀가 먹먹할 정도였다. 우리가 이겼던 그 경기가 끝나갈 무렵에 사람들은 소리치고 있었다.

"할 수 있다! 할 수 있다!"

그들은 우리가 그 어떤 벽도 넘을 수 있고, 그 어떤 선두도 제압할 수 있으리라 믿었다. 믿음은 엄청난 힘을 지닌다. 팀원들에 대한 신뢰와 합쳐질 경우에는 상대에게 심리적 동요를 일으킬 수도 있다. 그것은 팀의 명성이 된다. 이런 상황이 되면 그 어떤 팀도 엄청난 차이로 경기를 앞서고 있을 때조차 안전하다고 느끼지 못한다. 더 중요한 것은 선수들 자신도 그 믿음이 처음부터 끝까지, 매 경기마다 있으리란 것을 안다는 사실이다.

* * *

회복력과 끈기에 대한 이야기는 불리함을 극복하는 본보기가 된다. 그것들은 집단적인 상상의 일부가 되고, 모든 계층의 사람들에 의해 수많은 상황에서 선명하게 되살아난다. 그 이야기들은 우리에게 절대 포기하지 말라고 말한다. 실패는 성공으로 바뀔 수도 있다고, 불행은 극복할 수 있다고, 인간의 정신은 패배하지 않으며, 우리는 혼자 모든 것을 할 때보다 함께할 때 더 강하다고 이야기해준다.

농구에서 부상보다 큰 불행은 없다. 한 사람의 선수 생활이 무릎이나 발목을 삐는 것만으로도 끝날 수도 있다. 구원과

종말이 이토록 가까운 활동은 많지 않다. 대부분의 부상은 일시적이지만, 재활과정은 선수가 코트에 복귀할 때까지 끝나지 않는다. 부상을 입었을 때, 가장 먼저 드는 생각은, "언제 복귀할 수 있을까?"이다. 그리고 이 질문에 대한 답이 "절대 안 돼"일수도 있다는 생각에 두려움이 뒤따른다.

부상이 선수 생활을 끝낼 수도 있다는 생각은 독특한 방법으로 에너지를 집중시킨다. 회복 중일 때는 인생이 달라 보인다. 나도 1961년, 고등학교 4학년 여름에 그랬었다. 야구경기 도중 다리가 부러졌고, 깁스를 한 채 농구를 하지 못하는 삶에 대해서 생각해 보았다. 농구를 더 이상 못한다면 과연 어느 대학을 가야하는지에 대한 의문을 스스로에게 제기했다. 몇 주 뒤, 스포츠 장학금을 받기로 했었던 듀크 대학에 가는 것을 포기하고 대신 프린스턴 대학에 등록했다. 그 때 다리를 다치지 않았더라면 나는 이런 결정을 내리지 않았을 것이다.

애미 쿡(Amy Cook)은 내 친구의 딸이다. 그녀의 아빠는 주 선수권 대회에서 여섯 번이나 우승을 한 고등학교 육상 팀의 코치였다. 그럼에도 불구하고 그에게 가장 큰 만족감과 행복을 주는 것은 그의 딸이 훌륭한 100미터 허들 선수로 자라나는 것을 지켜보는 기쁨이었다. 그녀가 고등학교 2학년 때,

미주리 주에서 가장 빠른 기록을 가지고 있었고, 주 선수권 대회에서 2등을 했다. 하지만 고등학교 3학년 겨울에 지역 농구 결승전에서 전방십자인대 파열이라는 부상을 당했다. 그녀는 수술과 무릎 관절 재건을 거쳐야 했다. 의사들은 다시 뛸 수 있을지는 불분명하다고 했다. 그녀는 8주 동안 깁스를 했고, 그 뒤에는 3학년 때 있을 경기를 뛸 수 있기를 간절히 희망하며 웨이트 클리닉, 스트레칭, 조깅 등의 재활을 시작했다. 그녀의 부모는 매일 아침 6시 반에 함께 운동을 나갔다. 그렇게 3학년 3월에 복귀했으나 좋은 성적을 내지는 못했다. 가끔은 고통 때문에 완주하지 못할 때도 있었다. 그녀는 주 선수권 대회에 간신히 출전했다. 쿡과 아버지는 제퍼슨 시에서 열리는 육상대회에 참가하기 위해 길을 떠났다. 그들이 이 대회를 위해, 그녀를 준비시키기 위해 모든 것을 했다는 사실을 나 또한 알고 있었다. 선수들이 준비 자세를 취하고 있을 때쯤 아버지는 행여 딸이 형편없는 경기를 하여 좌절할까 봐 걱정하며 눈물을 흘릴 뻔 했다고 말했다. 출발 총이 울리자마자 그녀는 박차고 나갔고, 끝까지 선두를 유지했다.

애미 쿡은 주의 챔피언이 되었다. 그녀는 마음 깊숙한 곳에서부터 자신감을 찾았으며, 그것은 우승의 원동력이 되었다. 그 자신감은 자신이 할 수 있는 모든 것을 했다는 점에서는 육체적인 것이었고, 또 일부는 그녀가 승리를 위해 모든 위험을 감수할 각오를 하고 있었다는 점에서 정신적인 것이었다. 하지만 그녀를 정상에 올려주었던 요인은 무엇보다도 바로 회복력이었다.

* * *

회복력이 있는 사람이 되는 방법은 간단하다. 인생에는 당신이 쌓아온 성공적인 실적과 상관없이 넘어설 수 없는 어떤 장애물들이 항상 존재한다는 사실을 이해하면 된다. 1991년 11월에 매직 존슨이 에이즈에 감염되었다는 사실을 전 세계에 공표했을 때, 나는 무척 슬펐고, 게임에서 진 상황에 애도했다. 매직의 끔찍한 불행은 가장 자랑스러워하는 자질들과 함께, 자기 파괴적인 자극과 충격 또한 지니고 있음을 떠올리게끔 한다. 대중 앞에 서서 젊은이들에게 "내가 했던 잘못을 반복하지 마세요"라고 말하며, 매직은 지나치게 잘 알려지지 않은 인간의 본성에 빛을 드리워 주었다. 그가 준 선물에 우리는 감사해야 한다.

회복력에 대한 한계를 받아들임으로써, 할 수 있을 때 자신의 최대한을 사용하고 그것이 지속되는 동안 스스로를 소중히 하면서, 성공을 축하할 수 있게 된다. 농구 선수 생활을 하면서 배웠던 것들은 인생에 있어서 몇 번의 힘겨운 순간들을 이겨내는데 큰 역할을 해냈다.

회복력은 비극이나 손실, 혹은 불행이나 변화에 대해 열심히, 그리고 오랫동안 싸울 수 있게 해준다. 또한 다시 한 번 희망을 갖게 만든다. 그것은 일종의 강인함이다. 시련은 더 이상 망치가 벽돌을 내리치듯이 우리를 산산조각 내지 못한다. 오히려 시련은 우리를 더 강하게 만든다. 쇠붙이를 두들기는 망치처럼 우리를 단련한다. 포기하지 않고 불운을 받아들여 계속 나아감으로써 삶을 가장 충실하게 살아낼 수 있다. 그리고 어쩌면 조금 더 긴 삶을 살게 될 것을 알았을 때 주어질 위안을 상상해 보라. 그러한 마음의 평화는 많은 경우에 그 자체로 충분한 보상이다.

열 번째 슛

상상력 | 경기를 생각해내다

농구에서의 혁신자들은 경기 중 시행착오를 통해 새로운 아이디어를 찾는다. 스탠포드의 행크 루이세티(Hank Luisetti)는 한 손으로 슛을 하는 최초의 선수였다. 그전까지는 레이업과 훅을 제외한 모든 슛에 두 손을 썼다. 필라델피아 워리스의 조 펄크스(Joe Fullks)는 점프한 뒤 최고점에서 슛을 하면 위치상의 우위를 점할 수 있다고 결론을 내렸다. 그렇게 점프슛을 탄생시켰다. 1950년대에 밥 코지(Bob Cousy)는 등 뒤로 공을 패스하기 시작했다. 전통적인 방식을 고수하던 선수들은 그의 플레이가 쇼맨십에 불과하다고 비판했다. 많은 혁신자들이 그랬듯이 그는 자신의 생각을 믿었기 때문에 스스로의 방식을 고수했다. 게다가 관중들도 그의 특이한 패스를 좋아했다. 서서히 코치들도 그 패스의 효율성과

매력이 더 많은 득점으로 이어진다는 것을 알아갔다. 그 즈음에 엘진 베일러가 프로의 세계에 발을 들여 놓았다. 베일러의 압도적인 점프력은 점프슛과 레이업의 결합을 가능하게 해주었다. 그는 마치 중력을 거부하고 공중에 머물러 있는 것처럼 보였다. 줄리어스 어빙과 마이클 조던은 그의 계보를 이은 대표적인 선수들이다. 도약능력이 거의 없는 선수들조차도(나 또한 그 중 하나이다-팀 내에서 돌던 농담 중 하나가 내가 도약했을 때의 최고 높이가 일요일 뉴욕 타임스지의 두께와 같다는 것이었다) 베일러가 농구 골대를 맴돌며 슛을 할 때처럼 계속해서 공을 손에서 손으로 옮겨 슛 폼을 바꾸고, 레이업 슛을 할 때는 림을 이용해 그의 공을 가로채려는 수비수를 재치는 것을 따라하려고 했다.

혁신은 빌 러셀과 존스(K.C. Jones)가 등장할 때까지는 주로 공격에서 나타났다. 연속해서 전국 대회 챔피언이었던 샌프란시스코 대학 농구팀의 같은 선수로서, 그리고 챔피언인 셀틱스 팀원으로서, 그들은 농구에서 수비의 의미 자체를 재규정했다. 그들이 등장하기 전까지 수비한다는 것은 마치 복싱의 카운터 펀치와 같았다. 누군가 공격을 하면 그것에 응해서 수비가 움직이는 형식이었다. 러셀은 그의 책 『두번째 바람』에서 "존스는 다르게 생각했다"라고 썼다.

그는 항상 상대방이 자신이 원하는 순간, 원하는 위치에서 슛을 쏘도록 만들 수 있는 방법을 찾아내려고 했다. 또는 자신의 영향권 밖에서 상대 선수가 확률 낮은 슛을 던지도록 허용했다. 그러고는 내가 리바운드를 받아서 자신에게 쉽게 슛할 수 있도록 패스를 던져줄 것을 알았기 때문에 상대 선수를 위협하기보다는 상대편 코트로 서둘러 내려갔다.

러셀은 특히 발명의 귀재였다. 점점 더 많은 선수의 점프가 높아짐에도 불구하고 가로선이 세로선보다 경기를 더 잘 정의한다는 결론을 지었다. 그는 코트에서 하는 행동에서 각도를 굉장히 의식했다. 전속력으로 레이업을 하고 있는 선수를 후위에서 막아야하는 상황에서 그는 왼쪽으로 한 발자국 물러서 왼팔이 슛을 막고 그의 몸이 슛한 선수의 오른쪽에 착지할 수 있도록 했다. 그것이 파울을 피하는 방법이었다. 점프슛을 막아야 할 때면 그는 공이 공격수의 손에서 떨어지자마자 막으려고 했다. 이는 그의 몸이 공중에서 슛한 사람의 몸에 상당히 가까워야 했음을 의미한다. 이 과정에서 그는 팔을 뻗은 채로 수직으로 도약하는 것이 슛한 사람의 몸에 부딪

힐 확률이 높은 전진 도약보다 파울을 받을 확률이 낮다는 것을 알고 있었다. 실제로도 그렇게 했다. 또한 그는 슛을 막으면 관중이 기뻐한다는 것을 알고 있었으나, 수비의 마무리는 단순히 막는 것뿐만이 아니라 자신의 팀에게 공의 컨트롤을 완전히 넘겨주어야 하는 것임을 알았다. 그래서 그가 슛을 막을 때는 공을 관중이나 백보드 방향이 아닌 동료쪽으로 쳐내 속공을 할 수 있도록 하는 것을 목표로 했다.

또한 러셀은 60%의 리바운드가 골대 아래에서 발생하기 때문에 도약 능력보다는 위치 선정이 중요하다는 점을 지적했다. 특정 선수의 슛이 평상시에 어딘가로 튀는지를 아는 것은 자신이 어디에 있어야 할지 예측할 수 있게 해준다. 골대로부터 충분한 거리에서 박스 아웃하는 것은 공이 골대를 맞고 튕겨져 나올 때 공을 잡을 확률을 높여준다. 골대 아래에서 파울 라인까지 상대선수를 뒷걸음질치게 하는 것은 놀라운 일이었지만 리바운드 시에 박스아웃할 때와 비슷한 크기의 공간을 만들어 낼 수도 있다. 러셀은 그 어떤 선수보다도 경기의 정신적 부분을 더 많이 연마했고, 폴 실라스(Paul Silas), 데이브 드뷔셰, 모제스 말론, 데니스 로드먼, 제이슨 윌리엄(Jayson Wiliam)과 같은 훌륭한 리바운더들도 그것의 미묘함을 이해하게 되었다.

내가 기억하는 스포츠에서의 가장 극적인 혁신은 1968년 높이뛰기 선수로 유명한 딕 포스버리(Dick Fosbury)가 당시의 전통적인 방법과 정반대였던 배면뛰기를 처음 시도했을 때이다. 그는 멕시코 올림픽에서 금메달을 딴 후 기자에서 이렇게 말했다. "나는 내가 성공하지 못할 것이라는 말을 계속해서 들었어요. 그 기술은 경쟁력이 없고 절대 성공하지 못할 것이라는 것도요. 나는 그저 으쓱하면서 '길고 짧은 건 대봐야지 아는 거야'라고 밖에는 말할 수가 없었어요." 이 스포츠 혁신가들은 우리에게 한 사람이 세상을 바꿀 수 있고, 또 바꿔왔음을 계속해서 새로운 방법으로 알려주고 있다.

몇몇 선수들은 그들의 평범한 기술의 효과를 극대화하기 위해 창의적인 상상력을 발휘한다. 내 동료 중 한 명이 장난식으로 이렇게 말한 적이 있었다. "빌, 너는 손목에서 손가락 끝까지는 NBA의 최고 선수야." 그 말은 내가 좋은 손 그리고 빠르게 움직일 수 있는 손을 가지고 있다는 것을 의미했다. 가끔은 상대선수가 슛을 위해 공을 올리는 곳으로 손을 집어넣어 그의 슛을 막을 수 있다. 닉스가 덩치 큰 센터가 있는 팀과 경기하는 중에 센터가 공을 가지고 있을 때면 내 전담 선수의 수비를 포기하고 팀원과 함께 센터를 수비했다. 수차례 내 전담 선수를 마주보고 있으면서 손을 뒤로 뻗어 공을 센터의 손으로부터 쳐냈다. 그것이 힘들 때에는 공간을 최대한 좁혀 센터가 움직일 수 공간을 최소화하려고 했다.

공격하기에 좋은 손이라는 뜻은 원하는 대로 패스를 주고 받고 공을 다룰 수 있다는 것을 의미한다. 슛을 할 때의 좋은 손은 패스를 받은 위치에서 슛을 쏘는 자세로 더 빨리 바꿔 최대한 빠른 슛을 할 수 있음을 의미한다. 단순히 좋은 손을 뛰어넘어서 정말 대단한 패스능력을 가지고 있는 선수들은 공간지각과 관련하여 뛰어난 손과 눈의 협응 그리고 특별한 시야에 뿌리를 두고 있는 여섯 번째 감각을 지니고 있다. 또한 정말 우수한 슈터들은 공을 받았을 때 균형을 유지할 수 있도록 땅에 발을 굳건히 붙인다. 상상력은 이와 같은 빠른 손동작, 넓은 시야 그리고 빠른 발을 합하는 자신만의 방법을 만들어낼 때 경기에서 빛을 보게 된다.

* * *

간혹 규칙의 변화가 경기 방식의 혁신을 강요할 때가 있다. 3점 규칙이 그 사례이다. 농구골대에서 7.24m 이상 떨어진 곳에서 성공적으로 골을 넣었을 경우 가산점을 주는 이 규칙은 경기의 양상을 완전 뒤엎었다. 1979~80년 시즌 전까지의 목표는 골대와 최대한 가까이서 가장 쉬운 슛을 하는 것이었다. 이에 따라 능숙함과 팀 협동을 최선으로 하는 선수 동작이 대다수였다. 이제는 경기장 한 쪽에서는 픽 앤 롤을 하고, 나머지 여섯 명은 골대로부터 멀리 떨어진 반대 쪽 경기장에 있는 것을 볼 가능성이 높다. 픽 앤 롤을 통해 깔끔한 점프 샷이나 레이업 슛을 확보할 수 없는 경우에는 공을 가지고 3점 라인 밖에서 레이업 슛을 위해 드라이브를 한다. 많은 수비수 때문에 지나가기가 힘들다면 간단히 3점 라인 뒤에서 기다리고 있는 팀 선수에게 넘겨주면 된다. 레이업 못지 않을 정도로 엄청나게 많은 전략들이 3점 슛을 노리며 만들어졌다.

3점 규칙은 전체적인 실력은 평균적이지만 틈새를 잘 공략하는 훌륭한 슈터들에게 완전히 새로운 시장을 개척해주었다. 예를 들면 샤롯의 델 커리(Dell Curry), 시카고 불스의 스티브 커(Steve Kerr) 그리고 시애틀 수퍼소닉스의 데일 엘리스(Dale Ellis)가 있다. 내가 프로였을 때 쐈던 많은 슛들의 거리가 3점슛 거리에 가까웠기 때문에 사람들은 나에게 '3점 규칙이 적용되었을 때 경기했기를 바라지는 않냐'는 질문을 해온다. 내 대답은 "아니요"이다. 3점 라인 밖에서 슛해서 얻는 가산점 몇 점은 팀의 능숙한 움직임과 플레이를 통해 얻는 것만큼의 가치가 없다.

농구는 미묘하게 규칙을 위반하며 진행되는 스포츠이기 때문에 상상력이 변칙을 만들어 내기도 한다. 심판에 따라 규칙 위반이 일어났는지를 결정하는 기준이 다 다르다. 가끔은 규칙을 무시하기도 한다. 예를 들어서 원래는 드리블을 할 때 손이 공 위 또는 옆에 있어야 한다. 만약 드리블을 시작하거나 계속할 때 손바닥에 공을 붙이는 파밍이나, 공을 들고 움직이는 캐리잉은 페널티를 받는 행위이다. 하지만 점점 많은 프로 경기에서 심판들이 이를 지적하지 않고 있다. 특히 크로스 오버 드리블의 경우에는 공을 파밍하는 것을 허락하기도 한다. 이 변화는 미네소타 팀버울브스의 스테폰 마버리(Stephon Marbury)와 필라델피아의 앨런 아이버슨(Allen Iverson)과 같이 엄청난 속도를 가진 선수들이 훨씬 더 효율적으로 크로스오버를 하는데 도움을 주었다.

선수들의 창의적 플레이는 심판의 판정에 영향을 미치거나 때로는 심판의 눈을 피할 수도 있다. 내가 이 게임 속의 게임에 눈을 떴을 때 느꼈던 흥분을 아직 기억한다. 제리 웨스트는 상대 선수 주변을 맴돌다가 왼손을 그의 다리에 걸어서 지렛대의 힘을 이용하는 법을 가르쳐 주었다. 에드 마커리(Ed Macauley)는 패스를 받기 전에 한쪽 발을 상대 선수 쪽에 놓아두면 공을 받았을 때에는 이미 상대보다 반 발짝쯤 앞설 수 있다는 것을 보여주었다. 그는 상대 선수를 쳐다보지 않을 때에도, 마치 점자를 읽는 것처럼 그와 끊임없이 손이 닿게끔 해서 그가 어디를 방어하고 있는지를 아는 방법 또한 알려 주었다. 클리프 하건(Cliff Hagan)과 엘진 베일러를 보면서, 남는 손으로 공을 보호하면 상대의 블록 슛을 피할 수 있다는 것도 배웠다.

프랭크 디포드(Frank Deford)는 보스턴 셀틱스의 스윙맨(엔드라인을 따라 움직이며 항상 슛을 노리는 선수)인 프랭크 램지(Frank Ramsey)에 대해 쓴 글에서, 일반적인 게임에서 팀의 득점 중 약 20% 가량은 자유투에서 온다는 사실에 주목했다. 상대팀이 더 많은 파울을 범하게끔 유도할수록 팀의 총 득점을 높일 수 있는 것이다. 램지에게는 잔꾀가 많았다. 그는 심판으로부터 먼 쪽의 손을 상대 선수의 등 뒤에 갖다 대고 상대를 앞쪽으로 끌어당겨 상대 선수가 의도적으로 그를 들이받은 것처럼 보이게 함으로써 파울을 얻어냈다. 수비 리바운드에서도 상대 선수가 골대 아래서 그가 공에 손을 대지 못하게 살짝 건드리기만 해도 깜짝 놀란 듯이 팔을 들어 올렸고, 세상 어느 누가 보더라도 밀침을 당한 사람인 것처럼 앞으로 거꾸러졌다. 심판은 자주 속아 넘어갔다. 그는 또한 상대 선수가 슛을 블로킹 하려고 점프하게끔 한 뒤, 무방비로 공중에 떠 있는 그 상대 선수 쪽으로 몸을 기울여, 내려오는 상대 선수가 슛을 향해 올라가고 있는 자신을 넘어뜨리도록 하는 기술을 완벽하게 구사했다. 그렇게 함으로써 그는 자신의 슛은 방해받지 않으면서 파울을 받아낼 확률을 높였다. (이것은 내가 대학 시절 내내 큰 도움을 받았던 기술이었지만, 프로의 세계에 들어서자 파울이 선언되는 일은 줄어들었고, 그래서 결국 쓰지 않게 되었다.) 대학 경기나 NBA 시즌에서는 이런 움직임을 매일같이 보게 된다. 그것들은 창의적인 속임수를 내포하고 있으며, 상대팀에게 대항하는 것만큼이나 격렬하게 심판의 기술에 도전한다. 1998 NBA 결승 경기에서 마이클 조던의 영웅적인 마지막 슛은 그가 몸을 펴고 슛을 쏘기 직전에 왼손으로 브라이언 러셀을 건드려 허를 찌르는 것에서 도움을 크게 받았다.

최근 들어 욕설과 심한 몸싸움 등 다양한 형태의 트래쉬토크가 관심을 받고 있지만, 교묘한 말로 상대의 집중을 방해하는 행위는 오래전부터 있어 왔다. 고등학교 선수 당시 나는 슈터를 만지거나 시야를 막는 것 외에는 슈터에게 어떤 것이든 허용되는 파울 슈팅게임을 했었다. 상대에게 소리 지르고, 조롱하고, 모욕하는 목적은 집중을 방해하기 위한 것이다. 이런 행동은 이후의 게임에서 조여올 압박에 대비하기 위해서는 좋은 준비였다. 관중들이 보는 쇼를 위한 노골적인 말도 있지만 경기 결과를 위한 섬세한 말도 있다. 결과를 위한 말은 대부분 상대편을 흔들어놓기 위한 것이다. 체임벌린이 블록 슛에 실패했을 때, 셀틱스의 샘 존스가 켈트어로 "이미 늦었다 이놈아"라고 말한 것이나, 파울 샷을 하는 중에 빌 러셀이 나를 지켜보다가 수비수 새치 샌더스(Satch Sanders)를 보고는, "이봐 새치, 저따위 녀석이 점수를 내는 건 좀 아니지 않아?"라고 말하는 그런 경우이다. 마이클 조던이 상대팀의 초보 선수가 눈을 감고 자유투를 넣으려고 준비할 때, "난 네가 슛을 넣지 못할 것이라고 장담해"라고 말하는 것도 있다. 래리 버드가 경기 시작 전 경기장으로 가는 복도에서 상대편 선수에게 "난 정말 오늘 밤 느낌이 좋아. 한 오십 점 정도는 가뿐할 것 같아"라고 하는 말 또한 훌륭한 사례이다.

심지어 버드는 신참이던 마이클 조던이 수비를 하자 "애기야, 어서 공을 내놓으렴"이라고 말하기도 했다. 어느 공휴일 경기 때, 득점을 한 뒤 자신을 전담해서 수비하던 선수에게 크리스마스를 잘 보내라고 말해주는 것도 모두 트레쉬 토크이다. 스포츠 기자 피터 데종(Peter DeJonge)은 "버드를 건드릴 수 없게 만드는 일은 마치 드리블을 하고 있는 것이 아닌가라는 착각이 들 정도로 상대를 능수능란하게 흔들어놓는 그의 쉴 새 없이 떠들어대는 세치 혀였다"라고 말하기도 했다. 수비 선수가 물러나게 하면서, 버드는 당연하다는 듯이 그들은 어디를 가고 있는지, 다다랐을 때 어떤 일을 할지 알며 본인은 그들이 자신이 원하는 것을 하게 할 수 있었고, 수비선수는 그저 구경만 할 뿐이라고, 그리고 이것이 급여의 차이를 만든다고 말했다. 그러나 연합 라디오 실황 중계와 TV 생방송의 한 가운데서, 그 어떠한 표면적인 불평도 없이 그 공은, "굳이 뒤돌아보지 마라. 어차피 골은 들어갔다"라는 결론을 내리는 말과 함께 바구니 쪽으로 날아간다.

* * *

제리 루카스는 경기의 이러한 측면을 이해한 또 다른 선수였다. 상대편 공격수가 자유투를 던질 때, 우리는 이따금씩 내가 코트의 반대편으로 이동해 패스를 받고, 루카스의 스크린 뒤에서 손쉬운 득점을 하는 플레이를 하곤 했다. 내가 다른 쪽으로 움직이기 시작할 때 제리는 화난 목소리로 '빌! 나가! 다른 쪽으로 꺼져!'라고 소리쳤다. 내 전담 수비는 이를 듣고 내 움직임을 예상해 몇 발자국 물러났고, 나는 손쉬운 슛을 위해 재빠르게 스크린 뒤로 이동했다. 또는 경기 도중에 제리와 나는 서로를 이해한 척하며 횡설수설하기도 했다. "이 야 봐 모치 이이 카!"라고 내가 소리치면 "푸토 라스 디 야!"라고 루카스가 대답하곤 했다. 당황한 공격수는 뒤로 물러서는 경우가 많았고, 그가 있지도 않은 대안들을 생각해내려고 노력할 때쯤이면 그의 집중력은 이미 흐트러져 있었다. (저 사람들 뭐라는 거야? 무슨 의미가 있는 게 틀림없어!) 그가 한참 생각에 잠겨 있을 때 공은 이미 농구 골대를 통과하고 있을 것이다.

* * *

가끔은 상상력이 최초의 동기부여가 되어주기도 한다. 이것은 당신이 꿈을 꿀 수 있도록 해준다. 농구공을 가지고 놀아본 아이들은 한 번쯤은 농구 코트에서의 스타가 되는 모습을 상상해보았을 것이다. 우리 집 뒷마당에 있는 농구 골대는 내가 열 살 때 세워졌다. 그로부터 1년 후에 나무 막대는 강철 막대와 부채꼴의 금속 백보드로 교체되었다. 부모님께서는 어둑어둑해진 시간에도 농구연습을 할 수 있도록 차고에 스포트라이트를 설치해주셨다. 작은 마을의 뒤뜰에 있는 코트계의 캐딜락을 떠맡게 된 왕이 된 것만 같았다.

5,6학년 때 나는 매일 방과 후부터 저녁 먹기 전까지 코트에서 슛을 쐈다. 겨울에는 장갑과 양털모자와 스웨터 두 벌을 입고 연습했다. 가끔은 동네 친구들과 함께 H-O-R-S-E라는 게임을 즐기기도 했다. 얼마 안 있어 하프 코트 경기를 할 수 있을 만큼 친구들이 많이 모였다. 다른 친구들보다 키가 컸기 때문에 나는 골대와 3m 이상 떨어지지 않으면 슛을 넣지 못하게끔 조건을 정해놓았다. 1대1 뒷마당 경기를 하면서 내 안에서 처음으로 격렬한 경쟁심이 싹트는 것을 느꼈다. 상대가 나를 밀거나 어깨를 쳤을 때 나의 자존심은 파울을 선언하는 것만으로 용납이 되지 않았다. 한 번 부딪히면 계속 부딪혔지만 서로 치고 박고 하는 행동을 멈추지 않았다. 이런 상황에서 분노를 조절하는 방법은 내가 뒷마당에서 배운 교훈들 중 하나이다.

가끔 어머니가 나에게 도전하기 위해 바깥으로 나오곤 했다. 얼마 전 오래 된 사진앨범을 보던 중 어머니의 사진을 우연히 발견했다. 사진 속의 어머니는 까만 눈과 작은 얼굴에 빛나는 갈색 머리를 하고 1927년 헤르쿨라세움 고등학교의 농구팀인 친구들과 함께 앉아있었는데, 어머니의 친구 듀간('Nooks' Dugan)은 의심할 여지없는 스타였다.

고등학교에서 대성공을 거둔 지 20년이 지났지만 어머니는 아직도 스스로를 선수라고 여기고 1대1 경기에서 승부욕을 불태웠다. 내가 중학생이 되었을 때, 어머니는 공을 뺏기 위해 나를 살짝 밀쳤고 나 또한 그녀를 밀쳤다. 놀랍게도 어머니는 넘어지면서 머리를 아스팔트에 부딪쳤다. 나는 겁에 질렸지만 어머니는 그저 웃으며 일어났다. 그날의 경기는 그렇게 마무리 되었다.

나는 NBA 챔피언십에서 세인트루이스가 보스턴을 이겼던 1958년 토요일 오후를 기억한다. 마음속으로 나는 그들 중 한 명이었다. 스탠딩 점프 슈팅을 하는 밥 페팃 또는 스위핑 훅과 리버스 레이업을 자유자재로 사용하는 클리프 하간이었다. 경기 직후 연습을 위해 뒷마당으로 나갔고, 내 자신이 우승 골을 넣는 상상을 했다.

"4초 전, 3,2,1… 브래들리가 슛을 쏩니다! 좋았어!"

사실 이것은 그렇게 특별한 일도 아니다. 미국 전역의 수천 명의 어린이들은 겨울 오후에 놀이터, 헛간 뒤 또는 도로에서 그들이 언젠가 팀의 승리를 확정지을 최후의 득점을 하는 상상을 하곤 한다. 심지어 프로에서 말이다. 그들은 자신들이 한 발짝 뒤처진다는 느낌을 갖는다. 하지만 그 누가 확신할 수 있는가?

"오늘은 잘 풀리지가 않네. 네트만을 노리는 거야. 계속해. 골대를 향해서 한 번 더."

"뻥! 획! 왼쪽으로 점프샷... 휘익! 오른쪽으로 점프샷... 휘익!"

"손에 들린 공에 감각을 집중해. 누가 확신할 수 있겠어?. 그냥 계속 연습해. 그냥 계속 슛을 쏴. 아마도 내년에는 키가 좀 더 커져 있을지도 몰라."

혼자서 이런 연습을 할 때에 가장 좋아하는 팀의 해설가의 목소리를 상상했을 것이다. 세인트루이스를 맡아 해설한 버디 블래트너(Buddy Blattner)는 경기를 중계하면서 수많은 팀과 선수에 대해 자세하고 생생한 묘사를 했다. 책상에 앉아 숙제들을 하면서 나는 라디오를 듣곤 했다. (멈추지 않고 치지직거리던 그 스포츠 실황 중계가 내 라틴어 실력에 미쳤을 영향이 가끔씩은 궁금해지기도 한다.) 라디오 스포츠 방송 중계자 중 가장 유명했던 사람은 뉴욕 닉스의 마티 클릭맨(Marty Glickman)이었다. 그는 매년 열리는 올스타 게임 하이라이트 필름의 아나운서이기도 했다. 50년대의 적잖은 어린 소년들이 베개 밑의 트랜지스터에서 흘러나오는, 시인 밥 미첼(Bob Mithcell)이 설명하기를, "위대한 마티 클릭맨의 감미로운 목소리"를 들으며 잠에 들었다.

브라운이 맥과이어에게 패스합니다.

공은 덩크를 하기 위해 기다리고 있는 골밑의 칼에게로 다시 넘어갑니다:

좋습니다! 꼭 네딕 같군요!

네! 오른쪽으로 치고 갑니다, 수비수를 제칩니다,

레이업을 하네요, 좋습니다, 그리고 파울을 당합니다!

차도에서 슛을 쏘는 열 살짜리일 때 상상력은 앞날을 내다본다. 더 이상 경쟁적으로 경기를 뛰지 못할 나이가 되면 뒤돌아보기 시작한다. 농구는 골프나 테니스와 달리 젊은이들만을 위한 것이다. 아킬레스건이 끊어져도 상관없지 않는 이상은 40세가 되면 은퇴해야 한다. 몇몇의 고등학교 스타들 중에는 더 오래 가는 경우도 있긴 하지만, 대부분은 기억 속으로 사라진다. 다른 일생의 과제들이 더 중요해지기 시작하고, 몇몇에게는 존 업다이크(John Updike)의 『달려라 토끼』 주인공처럼 인생의 그 어떤 것도 어리고 스타였을 당시 관중 앞에서 경기하는 느낌과 비교할 만한 대상이 없다. 그러다가 인생을 새롭고 다른 방법으로 즐기는 나이가 온다. 잃어버린 젊음에 대한 생각은 더 이상 없어진다. 이제 가장 중요한 과제는 남아있는 시간을 최대한 잘 사용하는 것이다. 그리고 난 뒤에는 스포츠가 인생에 미친 영향을 더 깊이 있게 이해할 수 있게 된다. 그것은 단순한 추억 이상이 되어 있다. 스포츠의 가치는 인생의 본질을 구성하고 있는 핵심적인 요소와 다름없기 때문이다.

상상은 예측 가능한 것들에게서의 탈출을 하게 해준다. 예술가들, 과학자들, 시인들은 상상력의 힘을 매일 발휘한다. 경기를 해가며 그것을 발견한 우리 같은 사람들에게 상상력은 다양한 형태와 방법으로 행복을 만들어갈 수 있게 해주었다. 상상력은 우리의 경험들을 풍요롭게 했고 신선한 창조의 스릴을 느끼게 해주었고, 우리를 가장 인간답게 만드는 것과 맞닿게 해준다. 그리고 무엇보다도 현재의 순간을 넘어 앞을 내다볼 수 있게 해주고, 상황이 아무리 암울해 보이더라도 초월할 수 있게 해주며, 스스로에게 한계를 그어버리는 일반 상식에게, "한번 지켜보시지!"라고 답할 수 있게 해준다.

번역노트

학생들의 번역 후기

The Renders

'번역하는 자들'을 뜻하는 고양국제고 번역동아리이다.

권다원 한권의 책을 번역하기까지 많은 어려움이 따랐고, 할 수 있을까 하는 의구심도 들었지만 이렇게 무사히 끝내고 나니 뿌듯하고, 또 스스로에게도 큰 성장의 기회가 되었다.

남상범 내가 잘하는 일을 활용해 성과를 낼 수 있어서 감회가 새롭다. 어릴 때 농구를 좋아했는데 이번 책을 번역하면서 NBA의 역사적인 선수들에 대해 공부할 수 있어서 큰 즐거움이었다. 농구선수와 정치인 모두의 삶을 살았던 저자가 현대의 청년들에게 제시한 삶의 지침을 따라 배우고 싶다.

문류빈 빌 브래들리의 책을 번역한 것은 개인적으로 매우 좋은 경험이었고 영광이었다. 친구들과 함께 토론하고 공유하며 작업을 하게 된 것도 보람차고 재미있는 일이었다. 많은 사람들이 이 책을 읽고 각자의 삶에 도움이 되는 경험을 했으면 좋겠다.

윤하은　처음 해보는 번역이어서 기회를 얻은 설렘과 걱정이 교차하곤 했다. 이 책을 번역하면서 영어의 다양한 표현도 접할 수 있었고, 친구들과 함께 한 단어 한 문장을 오랫동안 곱씹으며 번역에 대한 독특한 매력을 느끼게 되어 기쁘다.

이규리　번역을 하는 과정이 쉽고 순탄하지만은 않았지만, 자신의 삶을 풍부하게 만든 훌륭한 인물의 이야기가 내 손끝을 거쳐 세상으로 전달될 수 있다고 생각하니 자랑스럽고 뿌듯하다.

이우일   번역을 진행하면서 영어는 물론 한국어까지 많은 면에서 부족함을 느꼈지만 차근차근 보완해 나가는 과정이 있었기에 결실을 맺을 수 있었다. 무엇보다 그 점이 더욱 더 보람차고 즐거운 경험으로 기억될 것이다.

신현재   영어 원서를 읽으면서 빌 브래들리의 인생가치인 책임감, 열정, 상상력 등에 대해 깊이 있게 생각해볼 수 있었고 그것으로 내 삶을 되돌아보는 계기를 만들어볼 수 있었다. 정성을 들인 내 번역이 책으로 나오게 되어 정말 뿌듯하고, 많은 독자들이 빌의 이야기에 감동하길 바래본다.

이정현   책 한권을 번역한다는 것이 생각보다 쉽지 않았지만, 그 과정에서 많은 사람들이 빌 브래들리의 조언, 삶의 지혜와 교훈을 알게 될 수 있다는 생각에 뿌듯했다. 나를 성장시키는 또 하나의 일을 한 것이 자신에게도 대견하다.

황정윤   초반에는 번역이 많이 낯설어 다 같이 헤매기도 했지만 부원들과의 논의를 통해 나아갈 방향을 찾으면서 더불어 성장할 수 있었다. 학교 일정과 병행하는 것이 힘들었지만 모두 시간을 내서 적극적으로 모임에 참석하고, 다른 사람의 번역을 함께 보완해주었던 점도 기억에 남는 것 중 하나다.

윤하린   스포츠에 별로 관심이 없었지만, 번역을 하는 과정에서 스포츠에서도 인생을 살아가기 위한 중요한 가치들을 배울 수 있다는 것을 깨달았다. 번역은 작가의 의도를 최대한 있는 그대로 전달하는 것임을 알게 되었고, 이러한 노력이 다른 방면에까지 넓어질 수 있어 더욱 좋은 경험이 되었다 생각한다.

정새롬 번역 활동을 하면서 혼자서는 해낼 수 없는 것을 함께 하면 이룰 수 있다는 소중한 경험을 했다. 단순히 번역을 한다는 생각보다는 흘러가듯 글이 읽히도록 한다는 생각으로 임했고, 좋은 결과가 나왔다. 다 함께 이루어낸 결과가 책으로 나올 수 있어 더 기쁘고, 뿌듯하다.

최다인 번역을 하면서 표현 하나하나의 미묘함과 생동감을 살리기가 얼마나 어려운 일인지 알게 되었다. 그래도 조금이라도 더 좋은 표현을 찾기 위해 나름대로 치열하게 함께 고민했던 시간들은 너무너무 소중한 기억이다. 여러모로 감사한 기회였고 잊지 못할 시간이었다.

홍지영 책 번역은 처음 해봤는데 참 신기하고 재미있는 경험이었다. 우리의 번역물이 책으로 나온다는 생각에 더욱 열심히 번역에 임하게 되었다. 1년 동안 토론, 토의하며 번역한 결과물이 실제로 나온다니 너무 뿌듯하다. 이 책을 번역하는 데 참여할 수 있어서 행복한 시간이었다.

지도교사의 번역 후기

『Values of the Game』은 스포츠 스타의 이야기지만, 스포츠 영역을 넘어 인생 전역에 영향을 미치는 혜안이 있는 책이다. 특히 청소년과 함께 생활하는 번역자에게 이 책은 항상 소개하고 싶은 욕구를 불러 일으켰었다. 빌 블래들리가 NBA 챔피언십을 우승했을 당시와 지금은 많은 것이 달라졌다. 하지만 승자와 패자가 결정되는 기준은 여전히 같다. 아무리 우수한 선수들이 모인다 할지라도, 그들이 좋은 팀을 이루지 않는 이상 승리라는 열매를 맺을 수 없다. 또한 팀을 이뤘다 할지라도 팀원들끼리 용기, 규율, 회복력, 존중, 그리고 수그러들 줄 모르는 열정 등과 같은 공동의 가치를 공유하지 못한다면 그 팀은 승리할 수 없다.

널리 칭송 받는 이 베스트셀러에서 브래들리는 그가 농구를 하면서 깨달은 원칙들이 때와 장소를 가리지 않고 가치가 필요해지는 모든 순간에 적용되는 원리에 대한 그만의 시각을 나누고자 한다. 열 개의 장에 걸쳐, 깊이 있는 관찰과 성찰로 가득한 글에는 승부사로서의 열정과 작가의 눈을 모두 지닌 채 농구 코트를 방문해 경기장 안팎에서 팀원들 간의 역학 관계, 결정적인 슛을 쏠 때의 용기 그리고 팀원과 코치와 팬들에 관한 이야기, 체력을 관리하고 열심히 뛰고 경기를 존경할 의무를 다하는 책임감 등을 탐색한다.

『Values of the Game』은 더 나은 세계에 대한 비전인 동시에 국가의 가장 훌륭한 지도자 중 하나가 제시해주는 영속적인 원칙과 헌정이다.

번역을 마치고, 마지막 장의 글을 쓰는 순간이 왔다는 사실이 놀랍다. 그만큼 책이 나오기 까지 고비가 많았다. 우리 랜더스 동아리 학생들은 바쁜 고등학교 생활 가운데서도 책이 나오기까지 고생을 마다하지 않았다. 지도교사인 나조차도 책 번역이 처음이라 학생들과 함께 좌충우돌해야 했다. 우리 동아리원은 1학년 4명, 2학년 3명, 3학년 6명 등 모두 총 13인으로 구성되어 있다. 각자의 상황과 조건이 다르다는 한계 속에서 최대한 효과적인 번역을 위해 책 내용을 사람별로 나누어 번역하고, 이를 다시 합치는 과정을 수차례 거쳤다. 부장인 권다원 학생과 3학년 남상범 학생을 비롯해 번역에 참여한 모든 부원들에게 감사의 인사를 드리고 싶다.

　　처음 시도하는 학생들의 번역이라 시행착오도 많았지만, 노력의 결실로서 책이 발간된다는 것은 지도교사인 나를 비롯한 동아리 모든 학생들에게 영광스러운 일이다. 힘든 일을 함께 하면서 학생들이 조금 더 성장할 수 있었던 것도 감사할 일이다.

여기까지 오는 동안 여러분들의 격려와 노력이 있었다. 먼저 학생들의 번역 작업을 허용해주고 지원을 해준 고양국제고의 김희년 교장선생님과 이영해 교감선생님께 감사인사를 드린다. 또한 오미숙 부장님, 김영숙 선생님은 학생들과 작업을 하는 동안 동아리 학생들에게 따뜻한 격려를 잊지 않았다. 최정희 선생님은 번역에 대한 아낌없는 조언을 주었고, 정운섭 부장님은 수년 간 닦은 사진기술로 우리들의 사진을 찍어주었다. 이 자리를 빌어 감사를 드린다. 그리고 학생들이 번역한 책을 과감히 출판해 준 꿈엔비즈의 이영산 대표님과 투박한 번역문을 교정·교열해 준 이덕완 시인께도 진심으로 감사를 드린다.

고양국제고 학생들의 영어 실력, 번역 실력은 의심할 바가 없다. 다만 처음으로 시도하는 단행본 번역이라 실수도 있을 것이라고 생각한다. 미흡한 점이 있다면 그 모든 것은 지도교사 역량의 한계임을 고백하지 않을 수 없다. 고양국제고 랜더스 동아리의 번역 작업은 올해 한번으로 끝이 아니다. 이번 책을 번역하면서 느낀 부족함과 자신감을 잊지 않고, 앞으로 제2, 제3의 책을 번역하고 소개하는 데 힘을 쏟을 것이다. 학생들의 풋풋한 도전과 열정에 격려와 관심을 부탁드린다.

지도교사 이태구

나를 점프해

빌 브래들리 지음
이태구, 권다원 외 옮김

초판1쇄 발행 2018년 3월 5일
초판3쇄 발행 2024년 8월 15일

펴낸곳 꿈엔들
펴낸이 이승철
편집인 이덕완
디자인 권재희

출판등록 2002년 8월 1일 등록번호 제10-2423호
주소 경기도 파주시 새오리로 339번길 22
전화 032) 327-4860 **팩스** 0303)0335-4860
이메일 hunykhan@hanmail.net

값 12,000원
ISBN 978-89-90534-26-2 03370

이 도서의 국립중앙도서관 출판시도서목록(CIP)은 서지정보유통지원시스템 홈페이지
(http://seoji.nl.go.kr)와 국가자료공동목록시스템(http://www.nl.go.kr/kolisnet)에서
이용하실 수 있습니다.(CIP제어번호 : CIP2018005848)

* 정성을 다해 만들었습니다만, 간혹 잘못된 책이 있습니다.
　연락주시면 바꾸어 드리겠습니다.

브래들리는 농구에게 사랑을 속삭이는 편지를 써 보냈다. 저자가 자신이 하는 모든 일에 자신의 모든 것을 헌신하는 사람임을 의심할 여지가 없을 정도로 이 책은 선견지명이 있고, 생각이 깊으며, 가치가 있다

-Boston Globe

이 책은 스포츠를 사랑하는 자녀에게 부모가 줄 수 있는 가장 큰 선물이다. -Dallas Morning News

브래들리의 눈은 가장 핵심적인 가치들을 정확히 관통한다. 이 책은 한마디로 성실과 우정 등의 가치를 강조한 'The Book of Virtues'의 스포츠 버전이다. -USA Today

그는 연습의 단조로움을 목적이 있는 것으로 만들고, 코트 위에서 형성된 인간관계를 더욱 가치 있고 진실한 것으로 자리매김한다. 농구에 대해 여전히 그런 식으로 느끼는 사람이 있다는 것이 다행이다.

-New York Times